论语

全彩图注本

《一力古典文丛》编辑组　注译

文汇出版社

序　言

中华民族在漫长的历史发展中，得以建构了人类历史上最悠久的文明之一。在维系中国社会稳定和政治秩序方面，以儒家思想为核心的传统文明曾发挥着相当大的作用，然而传统文明最致命的弱点在于，它潜伏着一个阻抑社会进步、科学发展和个性发扬的病根。自鸦片战争以降，代表现代科学思维的西方文明挟其“坚船利炮”，打破并无真实守卫力量的“闭关锁国”，使在文明古国大地上安榻稳居了数千年、年迈而肢体不便的传统文化，陷入被“拥护”和“打倒”的尴尬境地。此后百余年的政治、经济在矛盾中认可西方文明的过程，始终贯穿着以反对“旧礼教”、“旧制度”、“旧传统”为主要内容和表征的文化论争。以至美国汉学家费正清在《剑桥晚清史》中说，中国近代史从根本上是一场最广义的文化冲突。

台湾学者殷海光总结道，对于传统的态度，就至少半个世纪以来的中国人说，大致可分为三种：传统至上说，传统吃人说，传统可塑说。当然，中华民族作为多民族文化共同体，传统并不只是儒学一家，世界也不允许再行封闭。综合创新说，也为愈来愈多的有识之士所认同。关于传统的价值问题，近年已至存亡绝续、转化创新之际，这不只是一个纯理论兴趣的问题，而且是一个关乎民族治乱兴衰、和谐发展和高扬自己文化旗帜的问题。

在数千年的文明发展中，中国传统文化所蕴含的思维方式、行为准则、价值观念，不仅为我们留下了宝贵的文化遗产，还因其巨大的独创性、传承性与包容性，为当今社会创新文化提供历史的依据和现实的基础。故此，文化论争虽是近百年来的重要话题，但从近代文化变革看当代新文化建设，仍有可鉴之处。中华文明传承数千载，典籍浩如烟海，精彩纷呈而又鱼龙混杂，选一本古籍读物容易，选一套能引领现代人精神回归且又能拓展现代人的文化精神空间的国学典籍，则实难矣，稍有不慎，即会陷入维持旧观念、旧伦理、旧习俗的文化复古之谬——它有什么现实作用？它能否推进国家进步？文化是时代的产物，传统文明是历史文化的结晶，以我们现在所处的时代和环境，去审视传统文明，并试图从中引申出某些解决现代问题的思路，是否有“刻舟求剑”之嫌？客观介绍中华传统文化、民俗，无疑能给处在混乱与迷茫中的读者一种向传统靠近的契机，能使国人获得心理和情感上的某种满足和慰藉。然而，与此同时又如何不误导传统主体文化的自我保持与更新，如何不误导中外文化的比较与融通，是我们一直思考并尤为慎重的。作为这个时代的知识分子，我们不能割断传统，现代是与传统进行创造性的对话而开拓出来的。

价值是文化的要素。如何不失固有血脉，又能与时俱进，推动价值系统的自主创新，这是一个需要博识深思、认真对待的问题。这套图文并茂的《一力古典文丛》从文化的各个结点构筑中华文明的大体轮廓；读者的思想如在结点间攀缘，当能在空间维度和时间维度层面丰富对传统文化的认知，从而由感性进入思辨领域触及几千年文明的肌理。向现代读者介绍此套丛书，并不意味着我们倡导文化复古或中立，而是期待有能在学问和思想上打开僵结的一代人来承前启后。如果读者能由这些普及读物对几千年文明有所直观了解，再能由这些结点入乎其里而出乎其表，进行一种有根底的原创，当是文化之幸，民族之幸。

编者

2007年1月

目　录

学而篇第一

（共十六章）

一

子[①]曰："学而时习之，不亦说[②]乎！有朋自远方来，不亦乐乎！人不知而不愠[③]，不亦君子乎！"

【译文】孔子说："学习过后，能经常温习一番，不也是很高兴的事嘛！有朋友从远方来，不也是很快乐的事嘛！别人不理解我，我并不恼恨，不也是一位品德高尚、有学问且有修养的君子嘛！"

①子：古代对有地位、有学问的男子的尊称。《论语》中"子曰"的"子"均指孔子。
②说（yuè）：同"悦"。愉快，高兴。
③愠（yùn）：恼怒、怨恨。

二

有子[①]曰："其为人也孝弟[②]，而好犯上者，鲜[③]矣；不好犯上，而好作乱者，未之有也。君子务本，本立而道生。孝弟也者，其为仁之本与[④]。"

【译文】有子说："孝敬父母、尊敬兄长，却好冒犯长者的人是极为少有的；不好冒犯长者，而好作乱的人从未有过。君子潜心于根本的事情，根本确立了，道自然也就产生了。孝悌一类的规范，实为仁的根本所在。"

①有子：孔子的学生。
②弟（tì）：同"悌"。弟弟敬爱兄长。
③鲜（xiǎn）：少。
④与：同"欤"。语气词。

三

子曰："巧言令色[1]，鲜矣仁。"

【译文】孔子说："一个甜言蜜语、貌似和善的人，其仁爱是微乎其微的。"

①令色：面色和善。

四

曾子[1]曰："吾日三省[2]吾身：为人谋而不忠乎?与朋友交而不信乎?传不习乎?"

【译文】曾子说："我每天多次自我反省：为别人谋事有不尽心之处吗？与朋友交往有不诚信之处吗？老师传授的知识有不认真温习的吗？"

①曾（zēng）子：孔子的学生。
②省（xǐng）：自我反省。

五

子曰："道[1]千乘之国，敬事而信，节用而爱人，使民以时。"

【译文】孔子说："治理拥有一千辆兵车的诸侯国，须严肃而慎重，讲求信用，节约物资，爱护百姓，让他们在农闲时服劳役。"

①道：同"导"。治理。

六

子曰："弟子，入则孝，出则悌，谨而信，泛爱众，而亲仁。行有余力，则以学文。"

【译文】孔子说："子弟们，在家中则应孝顺父母，离开家到外边，则应尊敬兄长；应谨慎从事，讲求诚信，广泛爱戴众人，亲近具有仁爱之心的人。如此做了之后，若仍有余力未尽，则去钻研各种文化知识好了。"

七

子夏[①]曰："贤贤易色；事父母，能竭其力；事君，能致其身；与朋友交，言而有信。虽曰未学，吾必谓之学矣。"

【译文】子夏说："对妻子，注重她的品德，而非姿色；侍奉父母，能竭尽全力；侍奉君王，能不惜生命；与朋友交往，言而有信。这种品格的人，纵然出于谦逊说没有读过什么书，我也必定会说此人是读过书的。"

①子夏：孔子的弟子。

八

子曰："君子不重，则不威，学则不固。主忠信。无[①]友不如己者。过则勿惮[②]改。"

【译文】孔子说："君子若不稳重，就无威严可言。纵然学习了一些知识，也不会牢固。须将忠信摆在首要位置。不如自己的人，不必与之交朋友。有过错，就不要怕改正。"

①无：同"毋"。不要。
②惮（dān）：怕。

九

曾子曰："慎终，追远，民德归厚矣。"

【译文】曾子说："慎重处理父母的葬礼，以虔诚景仰的心态祭祀祖先。惟此才能使民间的道德风气归于敦厚朴实。"

十

子禽[①]问于子贡[②]曰："夫子至于是邦也，必闻其政，求之与？抑与之与？"子贡曰："夫子温、良、恭、俭、让[③]以得之。夫子之求之也，其诸异乎人之求之与。"

【译文】子禽问子贡："老师每到一个诸侯国，必然会听到那个国家的政事。是他请求人告知他的，还是别人主动告诉他的？"子贡回答说："老师凭温和、善良、恭敬、节俭和谦逊赢得那些国家的人们的信任，于是他们主动将政事告诉给老师。老师得知别国政事的办法，同别人得知政事的办法有所不同吧。"

①②子禽、子贡：皆为孔子的学生。
③温、良、恭、俭、让：即温和、善良、恭敬、节俭(节制)和谦逊。

十一

子曰："父在观其志，父没观其行，三年无改于父之道，可谓孝矣。"

【译文】孔子说："父亲在时观察儿子的志向，父亲故去后，就要看看儿子的具体行为了。他若三年之内没有改变其父生前的道德规范，则可以称他为孝子了。"

十二

有子曰："礼之用，和为贵，先王之道，斯为美，小大由之。有所不行，知和而和，不以礼节之，亦不可行也。"

【译文】有子说："礼的应用，贵在和谐协调。从前贤明的君王统治天下都认为这是最好的办法，事无巨细，都按这个原则办理。不过，也有不这样做的时候，那是知道了和的可贵，为和谐而和谐，不以体现社会规范与道德规范的礼加以节制，就无法行得通的时候。"

十三

有子曰："信近于义，言可复也；恭近于礼，远耻辱也。因不失其亲，亦可宗也。"

【译文】有子说："同他人有了须信守的约定，且合乎义，此时，说过的话方可成为事实。尊重恭敬他人，且合乎礼，方可免遭耻辱。不失去亲人且依靠之，也可以效仿他。"

十四

子曰："君子食无求饱，居无求安，敏于事而慎于言，就有道而正焉，可谓好学也已。"

【译文】孔子说："君子不要求吃得多饱，住得多安定舒适。君子办事敏捷，说话谨慎，拜德行高尚的人为师，以纠正自己的过失。这样做则可称得上好学了。"

十五

子贡曰："贫而无谄，富而无骄，何如？"子曰："可也。未若贫而乐，富而好礼者也。"

子贡曰："《诗》云：'如切如磋，如琢如磨。'其斯之谓与？"子曰："赐[①]也，始可与言《诗》已矣，告诸往而知来者。"

【译文】子贡说："虽贫穷，却不谄媚；虽富有，却不骄横。如此做法怎么样？"孔子说："这已经不错了。不过，还不如贫穷却快快乐乐，富有却讲求礼仪的那些人。"

子贡说："《诗经》上说：'君子的自我道德修养，如同加工骨器那样，切了还要磋；如同加工玉器那样，琢了还要磨。'此话讲的也就是这个意思吧？"孔子说："赐呀，现在可以与你谈及《诗经》了。告诉你此点，你就会领会彼点了。"

①赐：孔子对子贡的称呼。

十六

子曰："不患人之不己知，患不知人也。"

【译文】孔子说："不要担心别人不了解自己，应发愁的是自己不了解别人。"

为政篇第二

（共二十四章）

一

子曰：“为政以德，譬如北辰[①]，居其所而众星共[②]之。”

【译文】孔子说：“君王以德统治国家，就如北极星那样，泰然自若地居于自己的位置上，而众多的星辰围绕着它。”

①北辰：即北极星。
②共：同“拱”。环绕。

二

子曰：“《诗》三百，一言以蔽之，曰：‘思无邪。’”

【译文】孔子说：“《诗经》三百篇，一句话概括它，那就是‘思想内容纯洁’。”

三

子曰："道之以政，齐之以刑，民免而无耻；道之以德，齐之以礼，有耻且格[①]。"

【译文】孔子说："以政令来治理百姓，以刑罚来整饬百姓，百姓只是暂时免于犯罪，而并不知道犯罪是可耻的事；以德治驭百姓，以礼整饬百姓，百姓则不仅有羞耻之心，而且会纠正自己的过错。"

①格：正，纠正。

四

子曰："吾十有五而志于学，三十而立，四十而不惑，五十而知天命，六十而耳顺，七十而从心所欲，不逾矩。"

【译文】孔子说："我十五岁时立志求学问；三十岁时能够自立了；四十岁时知晓了许多道理，不感到困惑；五十岁时知道天命是什么；六十岁时对所听到的均能判别清楚；七十岁时可以随心所欲，但并不超越法度。"

五

孟懿子问孝，子曰："无违。"

樊迟御，子告之曰："孟孙问孝于我，我对曰，无违。"樊迟曰："何谓也？"子曰："生，事之以礼；死，葬之以礼，祭之以礼。"

【译文】孟懿子问何为孝，孔子说："不违背礼为孝。"一天，樊迟给孔子赶车，孔子告诉他说："孟懿子问我何为孝，我对他说，不违背礼为孝。"樊迟问："这是什么意思呢？"孔子说："你父母在世时，应以礼侍奉他们；他们去世后，应以礼予以安葬，以礼祭祀他们。"

六

孟武伯问孝，子曰："父母唯其疾之忧。"

【译文】孟武伯问何为孝，孔子说："让父母亲只为子女的疾病担心。"

七

子游问孝，子曰："今之孝者，是谓能养。至于犬马，皆能有养；不敬，何以别乎？"

【译文】子游问何为孝，孔子说："现今所说的孝，是只要能养活父母就可以了。犬马都能得到人的饲养，若对父母不孝敬，那养活父母同饲养犬马又有何区别呢？"

八

子夏问孝，子曰："色难。有事，弟子服其劳；有酒食，先生馔，曾是以为孝乎？"

【译文】子夏问何为孝，孔子说："子女侍奉父母每每能露出和气的脸色，真是件难事。临到有事，子女操劳；有好吃好喝的，让父母享受，这样做就能认为是孝吗？"

九

子曰："吾与回[1]言终日，不违，如愚。退而省其私，亦足以发，回也不愚。"

【译文】孔子说："我整天给颜回讲学，他没有提出不同的看法，如若愚笨的人。待他退下，我留心他私下与别人的谈话，发现他对我的见解颇能发挥，看来颜回并不愚笨。"

①回：颜回，是孔子最忠实的弟子。

十

子曰："视其所以，观其所由，察其所安。人焉廋[1]哉？人焉廋哉？"

【译文】孔子说："想了解一个人，看到了他的奋斗目标，观察了他做事的方式方法，考察他安于什么。那么，此人还会隐藏什么呢？"

①廋(sōu)：隐瞒，隐藏。

十一

子曰："温故而知新，可以为师矣。"

【译文】孔子说："温习旧的知识，不断获得新的知识。这样，就可以做别人的老师了。"

十二

子曰："君子不器。"

【译文】孔子说："君子不能只具有一种才艺，好像只装某种东西的器具那样。"

十三

子贡问君子，子曰：“先行其言而后从之。”

【译文】子贡问何为君子，孔子说：“配当君子的，先去兑现自己说的话，而后才能承认他。”

十四

子曰：“君子周而不比，小人比而不周。”

【译文】孔子说：“君子注重团结人，而不相互勾结；小人则相互勾结，而不去团结人。”

十五

子曰：“学而不思则罔，思而不学则殆。”

【译文】孔子说：“一味读书，而缺乏思考，则会迷惘、糊涂；一味苦苦思索，而不切实读书，则会胡思乱想，陷入危险。”

十六

子曰：“攻乎异端，斯害也已。”

【译文】孔子说：“潜心钻研异端之说，这很有危害呀！”

十七

子曰："由[①]，诲女知之乎？知之为知之，不知为不知，是知[②]也。"

【译文】孔子说："仲由，我教你的知识，知道了吗？知道就是知道，不知道就是不知道，这种态度才是明智的。"

①由：即仲由，字子路，孔子的学生。

②知：同"智"。明智。与前五个"知"不同。前五个"知"，是知道、了解、懂得之意。

十八

子张学干禄[①]，子曰："多闻阙疑，慎言其余，则寡尤；多见阙殆，慎行其余，则寡悔。言寡尤，行寡悔，禄在其中矣。"

【译文】子张请教孔子如何才能做官，孔子说："多听别人的看法，将自己有疑问的暂放一边，认为正确的也得谨慎地讲出来，这样则能减少过错；多看别人的故事，有疑惑不解的地方暂时放下，认为正确的也要小心谨慎地去做；言语和行动尽量减少过失和懊悔，谋求做官的秘诀就在此了。"

①干禄：求做官。

十九

哀公问曰："何为则民服?"孔子对曰："举直错[①]诸枉[②]，则民服；举枉错诸直，则民不服。"

【译文】鲁哀公问道："如何做才能让天下百姓服呢？"孔子回答说："提拔正直的人，将他们安置在不正派的邪恶之人上面，老百姓就服了；提拔不正派的邪恶之人，且将他们置于正直的人上面，老百姓就不服了。"

①错：同"措"。放置，安排。
②枉：不正直而邪恶的人。

二十

季康子问："使民敬、忠以劝[①]，如之何?"子曰："临之以庄，则敬；孝慈，则忠；举善而教不能，则劝。"

【译文】季康子问孔子："要使老百姓恭敬、尽忠且勤勉能干，应当如何办呢？"孔子说："你对老百姓态度庄重，他们就会恭敬你；你孝顺父母，慈爱百姓，他们就会对你忠心；你选用品德高尚的人，教育能力差的人，百姓就会相互勉励而努力干了。"

①劝：努力，勤勉。

二十一

或谓孔子曰："子奚不为政?"子曰："《书》云：'孝乎惟孝，友于兄弟，施于有政。'是亦为政，奚其为为政?"

【译文】有人对孔子说："你为何不去做官从政呢？"孔子说："《尚书》上说'孝，就是孝敬父母，友爱兄弟。将这种品格推广到政治上'。这也就是参与了政治，为什么认为只有做官才算参与政治了呢？"

二十二

子曰："人而无信，不知其可也。大车无輗[1]，小车无軏[2]，其何以行之哉？"

【译文】孔子说："人若不讲信用，真不知道他是如何处世接物的。这正像大车没有輗，小车没有軏一样，那车怎么行走呢？"

①②輗（ní）、軏（yuè）：指车前端与车衡衔接的关键。

二十三

子张问："十世[1]可知也？"子曰："殷因于夏礼，所损益，可知也；周因于殷礼，所损益，可知也。其或继周者，虽百世，可知也。"

【译文】子张问孔子："三百年之后的礼仪制度可以预知吗？"孔子说："商朝沿袭夏朝的礼仪制度，废除与增加了些什么，现在通过考证就可以知道；周朝沿袭商朝的礼仪制度，废除与增加了些什么，通过考证也可以知道。以后继承周朝的朝代，即使历经百世，其礼仪制度也可以预知。"

①世：古代三十年为一世。

二十四

子曰："非其鬼而祭之，谄也。见义不为，无勇也。"

【译文】孔子说："不是自己应该祭祀的鬼神却去祭祀，此为谄媚。眼见正义的事情而不奋力去做，此为没有勇气。"

八佾篇第三

（共二十六章）

一

孔子谓季氏："八佾[①]舞于庭，是可忍也，孰不可忍也？"

【译文】孔子谈论到季氏时，说："他在自己的庭院里乐舞时使用了周天子的八佾。这种事他都忍心做得出，还有什么事他不忍心去做呢？"

①八佾（yì）：佾即为古代乐舞的行列。天子为八行，诸侯为六行，大夫为四行，士为两行。

二

三家者以《雍》彻[①]。子曰："'相维辟公，天子穆穆'，奚取于三家之堂？"

【译文】鲁国的三家大夫孟孙、叔孙、季孙祭祀完他们的祖先后，唱着《雍》诗撤掉祭品。孔子说："助祭的是各方的诸侯，立祭的是庄重肃穆的天子。怎么能在三家祭祖的庙堂上唱这种天子撤祭时才能唱的诗句呢？"

①彻：同"撤"。撤除。

三

子曰："人而不仁，如礼何[①]？人而不仁，如乐何？"

【译文】孔子说："一个人不讲仁德，如何对待礼呢？一个人不讲仁德，如何对待乐呢？"

①如礼何："如……何"是古代常用句式，当中一般插入代词、名词或其他词语，意思是"把（对）……怎么样（怎么办）"。

四

林放[①]问礼之本，子曰："大哉问！礼，与其奢也，宁俭；丧，与其易也，宁戚。"

【译文】林放问孔子礼的本质是什么，孔子说："你问的问题意义太重大啦！就礼仪而言，与其奢侈，宁可节俭；就办丧事而言，与其铺张操办，不如心中真正悲痛。"

①林放：鲁国人，懂礼仪。

五

子曰："夷狄之有君，不如诸夏之亡[①]也。"

【译文】孔子说："东方与北方的少数民族国家尽管有君王，不如中原各国没有君王。"

①亡：同"无"。

六

季氏旅于泰山。子谓冉有[①]曰："女弗能救与？"对曰："不能。"子曰："呜呼！曾谓泰山不如林放乎？"

【译文】季氏要去祭泰山。孔子对冉有说："你不能劝阻他不去吗？"冉有回答说："不能。"孔子说："啊！难道说泰山之神不如林放懂礼仪，竟会接受季氏越礼的祭祀之举吗？"

①冉有：孔子的弟子，当时做季康子的家臣。

七

子曰："君子无所争，必也射乎！揖让而升，下而饮。其争也君子。"

【译文】孔子说："君子没有什么可争的事情。如若有所争，必定是射箭之类的比赛吧。纵然是射箭比赛，也是先相互作揖，而后登堂比赛，比赛结束后走下堂，相互敬酒。这等相争，也只是君子之争啊！"

八

子夏问曰："'巧笑倩兮，美目盼兮，素以为绚兮'，何谓也？"子曰："绘事后素。"曰："礼后乎？"子曰："起予者商也！始可与言《诗》已矣。"

【译文】子夏问道："'漂亮的脸笑得多灿烂，明亮的眸子黑白分明，洁白的素绢为此而显得多么美丽动人'，这三句诗是什么意思呢？"孔子说："绘画嘛，先是白底，而后着色去画。"子夏说："这就是说，礼乐产生于仁义之后吧？"孔子说："对我有所启发的是你子夏呀！现在可以同你谈论《诗经》了。"

九

子曰："夏礼吾能言之，杞不足征[①]也；殷礼吾能言之，宋不足征也。文献不足故也。足，则吾能征之矣。"

【译文】孔子说："夏朝的礼我能说出来，不过，它的后代杞国不足以作证明；殷朝的礼我能说出来，不过，它的后代宋国不足以作证明。原因是杞国和宋国的典籍不足。如若这两国的典籍充足，我就可以用来作证明了。"

①征：证明，引以为证。

十

子曰："禘自既灌而往者，吾不欲观之矣。"

【译文】孔子说："禘祭的礼仪，开始酹酒后，我就不想往下看了。"

①禘（dì）：古时天子举行祭祀祖先的典礼。

十一

或问禘之说，子曰："不知也，知其说者之于天下也，其如示诸斯乎！"指其掌。

【译文】有人请教孔子有关禘祭的事，孔子说："我不知道。知道的人对于治理天下，就像将东西放在这里一样，就那么容易吧！"他一边说，一边指着自己的手掌。

十二

祭如在，祭神如神在。子曰：“吾不与祭，如不祭。”

【译文】祭祀祖先时，祖先仿佛真的就在那里；祭祀神时，神仿佛真的就在那里。孔子说：“我要是不亲自去祭祀，让他人代我祭祀，那样的话，祭了与不祭一个样。”

十三

王孙贾问曰：“与其媚于奥[①]，宁媚于灶，何谓也？”子曰：“不然。获罪于天，无所祷也。”

【译文】王孙贾问道：“与其巴结奥神，不如巴结灶神。这句话的意思是什么？”孔子说：“不对。若是得罪了上天，就没有可祈祷的地方了。”

①奥：指房屋西南角，古代一般为尊者所居处。

十四

子曰："周监于二代，郁郁乎文哉！吾从周。"

【译文】孔子说："周朝的礼乐制度是借鉴夏朝和商朝而制定的，是多么丰富繁盛啊！我赞同周朝的礼乐制度。"

十五

子入大庙，每事问。或曰："孰谓鄹人之子知礼乎？入大庙，每事问。"子闻之，曰："是礼也。"

【译文】孔子走进周公庙，每件事都要问一问。有人说："哪个人说鄹人叔梁纥的儿子知礼呢？他走进周公庙，每件事都要问一问。"孔子听到这话后，说："这样做就是礼。"

十六

子曰："射不主皮[①]，为力不同科，古之道也。"

【译文】孔子说："射艺主要的不是要射穿箭靶子，因为每个人的力气不尽相同而设了不同的等级。此为自古以来的方法。"

---

①皮：指用兽皮做的箭靶子。

十七

子贡欲去告朔[①]之饩羊[②]。子曰："赐也！尔爱其羊，我爱其礼。"

【译文】子贡想将祭庙时那只活羊省去不用。孔子说："赐呀！你爱惜那只羊，我爱惜那礼。"

---

①告朔：古代一种祭庙的仪式。

②饩（xì）羊：祭祀时用的活羊。

十八

子曰："事君尽礼，人以为谄也。"

【译文】孔子说："按照礼来服侍君王，人们却以为是在谄媚君王。"

十九

定公问："君使臣，臣事君，如之何?"孔子对曰："君使臣以礼，臣事君以忠。"

【译文】定公问孔子："君王使唤臣子，臣子侍奉君王，应该如何做呢？"孔子回答道："君王应以礼使唤臣子，臣子应以忠心侍奉君王。"

二十

子曰："关雎，乐而不淫，哀而不伤。"

【译文】孔子说："《关雎》表现出欢乐，但不淫荡，表现出哀思，但不悲伤。"

二十一

哀公问社于宰我[①]。宰我对曰："夏后氏以松，殷人以柏，周人以栗，曰：使民战栗。"子闻之，曰："成事不说，遂事不谏，既往不咎。"

【译文】鲁哀公就制作土地神的神主该用什么树木一事问宰我。宰我回答说："夏朝用松木制作神主，殷朝用柏木制作神主，周朝用栗木制作神主，本意是让天下百姓战栗。"孔子听了这话之后，说："做了的事不必再解释，已完成的事不必再规劝，过去做错的事不必再责备。"

---

①宰我：孔子早年的弟子。

二十二

子曰："管仲之器小哉！"

或曰："管仲俭乎？"曰："管氏有三归，官事不摄，焉得俭？"

"然则管仲知礼乎？"曰："邦君树塞门，管氏亦树塞门。邦君为两君之好，有反坫，管氏亦有反坫。管氏而知礼，孰不知礼？"

【译文】孔子说："管仲的气量小啊！"

有人便问："管仲生活俭朴吗？"孔子说："管仲有存放钱财的府库，其下属官吏不兼职，哪能谈得上俭朴呢？"

问："既然如此，那么管仲知礼吗？"孔子说："诸侯国的国君，其官殿门前立着照壁，管仲府大门处也立着照壁。诸侯国的国君在堂上设有放酒杯的土台，以备招待宾客喝酒时所用，管仲也是这样。要是说管仲知礼，还有谁不知礼呢？"

二十三

子语鲁大师[①]乐。曰："乐其可知也：始作，翕如也；从[②]之，纯如也，皦如也，绎如也，以成。"

【译文】孔子与鲁国的太师谈到音乐演奏一事，说道："音乐演奏的整个过程是可以知道的。刚开始，乐音合奏，随之音调和谐动听，清晰且声音不绝于耳。完整的音乐就这样产生了。"

---

①大师：太师，主管音乐的官。

②从：通"纵"。放纵，展开。

二十四

仪封人请见，曰："君子之至于斯也，吾未尝不得见也。"从者见之。出曰："二三子何患于丧乎?天下之无道也久矣，天将以夫子为木铎。"

【译文】仪地的边防长官请求孔子接见，说："凡是到这个地方的君子，我从来没有不要求会见的。"孔子的弟子带他去见孔子。出来后，他对孔子的弟子说："你们几位不必为你们的老师失去了官位而忧愁，天下无道已经很长久了，上天将把你们的老师当做传播正义的木铎。"

二十五

子谓《韶》："尽美矣，又尽善也。"谓《武》[1]："尽美矣，未尽善也。"

【译文】孔子谈到《韶》乐时，说："《韶》乐优美得很，内容也极好。"谈到《武》乐时，说："《武》乐优美得很，只是内容并不十分好。"

①《武》：周初歌颂灭商武功的乐曲名。

二十六

子曰："居上不宽，为礼不敬，临丧不哀，吾何以观之哉!"

【译文】孔子说："位高的人对下边的人不宽宏大量，行礼仪之时不能恭敬，办丧事时无哀痛的表情。此种行为我怎么能看下去呢！"

里仁篇第四

（共二十六章）

一

子曰："里仁为美。择不处仁，焉得知？"

【译文】孔子说："一个人若能居住在行仁道的地方，那是最好的。若选择不行仁道的地方居住，哪儿还算得上聪明呢？"

二

子曰："不仁者不可以久处约[①]，不可以长处乐。仁者安仁，知者利仁。"

【译文】孔子说："不仁的人不可能总是处于贫穷中，也不可能总是处在快乐中。有仁爱之心的人安于仁，聪明的人行仁爱之事。"

①约：贫困，俭约。

三

子曰："唯仁者能好人，能恶人。"

【译文】孔子说："惟有怀仁爱之心的人才能切实地喜欢人，才能准确地厌恶人。"

四

子曰："苟志于仁矣，无恶也。"

【译文】孔子说："如若立志推行仁德，则不会再做恶事坏事。"

五

子曰："富与贵，是人之所欲也；不以其道得之，不处也。贫与贱，是人之所恶也；不以其道得之，不去也。君子去仁，恶乎成名?君子无终食之间违仁，造次必于是，颠沛必于是。"

【译文】孔子说："富与贵，是人所想要的。若采取歪门邪道得到它，君子是要摒弃的。贫与贱，是人所厌恶的。若原本不该贫贱而贫贱了，君子也会忍受。君子若抛弃了仁，那又如何称得上君子呢？君子连一顿饭的工夫也不会违反仁，匆忙之间也总是信守着仁，颠沛流离之时也在奉行着仁。"

六

子曰："我未见好仁者，恶不仁者。好仁者，无以尚之；恶不仁者，其为仁矣，不使不仁者加乎其身。有能一日用其力于仁矣乎?我未见力不足者。盖有之矣，我未之见也。"

【译文】孔子说："我没有见过喜好仁的人讨厌不仁的。喜好仁的人认为，世上再没有比仁更高尚的了。人若厌恶不仁，不会让不仁的人给自己带来影响。难道有仅用一天的努力就能把力量都用在仁上的吗？我没有见过力量不足的。也许有这种人吧，只是我没有见过罢了。"

七

子曰："人之过也，各于其党。观之，斯知仁[①]矣。"

【译文】孔子说："人的过错，有其各不相同的类别。一看这人的过错，便知他是哪类人了。"

①仁：此处为"人"的意思。

八

子曰："朝闻道，夕死可矣。"

【译文】孔子说："早晨明白了道理，即使当晚死了也值得。"

九

子曰："士志于道，而耻恶衣恶食者，未足与议也。"

【译文】孔子说："读书人立志探索道，却以穿的不好、吃的不好为羞耻的人，是不值得同他讨论道的。"

十

子曰："君子之于天下也，无适也，无莫也，义之与比。"

【译文】孔子说："君子面对天下的事情，不能一成不变地要怎么样做，也不能一成不变地不应怎么样做，而是怎样合乎彼时彼地的情况，就怎样做。"

十一

子曰："君子怀德，小人怀土；君子怀刑，小人怀惠。"

【译文】孔子说："君子思考的是德，小人想的是乡土田宅；君子想的是刑法制度，小人考虑的是个人实惠。"

十二

子曰："放于利而行，多怨。"

【译文】孔子说："依据个人利害关系行事，必然招来诸多的怨恨。"

十三

子曰："能以礼让为国乎，何有？不能以礼让为国，如礼何？"

【译文】孔子说："能以礼让统治国家，还能有什么难题不能克服呢？不以礼让统治国家，礼又有什么用呢？"

十四

子曰："不患无位，患所以立；不患莫己知，求为可知也。"

【译文】孔子说："不必担忧没有官位，而应担心缺乏任职的能力；不必担心没人了解自己，只求自己能成为值得别人知道的人。"

十五

子曰："参乎！吾道一以贯之。"曾子曰："唯。"

子出，门人问曰："何谓也？"曾子曰："夫子之道，忠恕而已矣。"

【译文】孔子说："参啊，我的思想、学说用一个基本原则可以贯穿。"曾子回答说："是的。"孔子离开以后，别的学生问曾子说："老师的话是什么意思？"曾子说："老师的学说，讲的就是忠和恕啊。"

十六

子曰："君子喻于义，小人喻于利。"

【译文】孔子说："君子所明白的是义，小人只知道利。"

十七

子曰："见贤思齐焉，见不贤而内自省也。"

【译文】孔子说："见到贤人就想同他看齐，学习他的各种长处；见到不贤的人，就要发自内心反省一番，看看自己有无同他一样的劣行。"

十八

子曰："事父母几[1]谏，见志不从，又敬不违，劳而不怨。"

【译文】孔子说："侍奉父母时觉得父母有欠妥之处，应婉言劝说。父母若无听从之意，仍应孝敬而不违背他们的意愿，仍应付出辛劳侍奉父母，心中不能有丝毫埋怨。"

①几（jī）：委婉，轻微。

十九

子曰："父母在，不远游，游必有方。"

【译文】孔子说："父母在世，不要远行在外。若非得远行，定要有明确的去处。"

二十

子曰："三年无改于父之道，可谓孝矣。"

【译文】孔子说："一个人若三年之内没有改变其父生前的道德规范，则可以称他为孝子了。"

二十一

子曰："父母之年，不可不知也。一则以喜，一则以惧。"

【译文】孔子说："父母的年纪，不可不记清楚。喜的是他们健康无疾，害怕的是他们日渐衰老下去。"

二十二

子曰："古者言之不出，耻躬之不逮[①]也。"

【译文】孔子说："古人不随便开口讲话，他们耻于自己的行动赶不上自己所说的话。"

①逮：赶上。

二十三

子曰："以约失之者鲜矣。"

【译文】孔子说："由于节制约束自己而犯过失的人很少见。"

二十四

子曰："君子欲讷于言而敏于行。"

【译文】孔子说："君子应谨慎地说话，敏捷地行事。"

二十五

子曰："德不孤，必有邻。"

【译文】孔子说："德行高尚的人不会孤独，必有亲近的人。"

二十六

子游曰："事君数[1]，斯辱矣；朋友数，斯疏矣。"

【译文】子游说："侍奉君王时进谏次数过多，就必然受到羞辱；奉劝朋友次数过多，朋友就会疏远你。"

①数（shuò）：屡次，多次。

公冶长篇第五

（共二十八章）

一

子谓公冶长："可妻也。虽在缧绁之中，非其罪也。"以其子[①]妻之。

【译文】孔子谈到公冶长时，说："可以将女儿嫁给他做妻子，他虽坐过监狱，但并非他的罪过。"于是将自己的女儿嫁给公冶长做妻子。

①子：指自己的女儿。

二

子谓南容[①]："邦有道，不废；邦无道，免于刑戮。"以其兄之子妻之。

【译文】孔子谈到南容时，说："国家有道，南容不会遭罢免；国家无道，南容也会免遭杀戮。"于是将自己兄长的女儿嫁给南容做妻子。

①南容：姓南宫，字子容。孔子的弟子。

三

子谓子贱[①]："君子哉若人!鲁无君子者，斯焉取斯?"

【译文】孔子谈到子贱时，说："子贱是个君子。鲁国若没有君子的话，他如何能有君子的品格呢？"

①子贱：姓宓，字子贱。孔子的弟子。

四

子贡问曰："赐也何如?"子曰："女[①]，器也。"曰："何器也?"曰："瑚琏也。"

【译文】子贡问孔子："您如何看我？"孔子说："是有才能的大器之才。"子贡问："什么样的大器呢？"孔子说："相当于社稷宗庙里盛黍稷的瑚琏那样重要。"

①女：汝，你。

五

或曰："雍也，仁而不佞。"子曰："焉用佞?御人以口给[①]，屡憎于人。不知其仁，焉用佞?"

【译文】有人说："冉雍讲仁爱，但不是能言善辩的人。"孔子说："为何非得能言善辩呢？张口便能巧对他人，善于争辩的人，往往令人生厌。我并不知道冉雍是不是仁爱的人，为何非得要他能言善辩呢？"

①口给（jǐ）：指嘴巧。

六

子使漆雕开[①]仕。对曰："吾斯之未能信。"子说[②]。

【译文】孔子让漆雕开去做官。漆雕开说："我对做官缺乏自信。"孔子听了这话甚为高兴。

①漆雕开：孔子弟子。

②说：即高兴，喜悦之意。

七

子曰："道不行，乘桴浮于海。从我者，其由与？"子路闻之喜。子曰："由也，好勇过我，无所取材[①]。"

【译文】孔子说："我的思想主张行不通了，我要乘木排去海外。随我去海外的，看来只有子路一个人了吧！"子路听了这话特别高兴。孔子说："由啊，你勇敢胜过我，其他方面没有什么可取的。"

①材：同"哉"。语助词。

八

孟武伯问："子路仁乎?"子曰："不知也。"又问。子曰："由也，千乘之国，可使治其赋也，不知其仁也。"

"求也何如?"子曰："求也，千室之邑，百乘之家，可使为之宰也，不知其仁也。"

"赤也何如?"子曰："赤也，束带立于朝，可使与宾客言也，不知其仁也。"

【译文】孟武伯问："子路有仁爱之心吗？"孔子说："我不知道。"孟武伯又问了一遍。孔子说："仲由啊，若有一个拥有千乘兵车的诸侯国，那他完全可以去掌管那个国家的军事。我并不知道他有无仁爱之心。"

孟武伯又问："冉求这个人怎么样？"孔子说："冉求嘛，一个千户人家的大邑，一个拥有百辆兵车的采邑，他可以做那里的长官。他有无仁爱之心，我并不知道。"

孟武伯又问："公西赤这个人怎么样？"孔子说："公西赤嘛，可以让他穿着礼服站立在朝廷上，接待宾客，与他们交谈。至于他有无仁爱之心，我也不知道。"

九

子谓子贡曰："女与回也，孰愈？"对曰："赐也何敢望回！回也闻一以知十，赐也闻一以知二。"子曰："弗如也，吾与[1]女，弗如也。"

【译文】孔子对子贡说："你与颜回相比，谁更强？"子贡回答说："我怎敢与颜回相比呢！颜回懂一个道理，能推断出十个道理；我懂一个道理，只能推断出两个道理。"孔子说："你是不如他啊，我赞同你的话，你是不如他啊。"

①与：赞同，同意。

十

宰予昼寝。子曰："朽木不可雕也，粪土之墙不可杇[1]也。于予与何诛？"子曰："始吾于人也，听其言而信其行；今吾于人也，听其言而观其行。于予与改是。"

【译文】宰予白天睡觉。孔子说："腐烂的木头不可能雕刻任何东西了，粪土般的土墙不可能粉刷了。我还能责备宰予什么呢？"孔子又说："一开始，我看待一个人，听了他的话就相信他的行为；现在我看待一个人，听了他的话，还要观察一番他的行为举动，经过宰予的事情之后，我对人的看法才作了改变。"

①杇（wū）：同"圬"。泥抹子，此指粉刷墙壁。

十一

子曰："吾未见刚者。"或对曰："申枨[①]。"子曰："枨也欲，焉得刚？"

【译文】孔子说："我没有见到刚正不阿的人。"有人说："申枨就是。"孔子说："申枨欲念强，他如何能刚呢？"

①申枨：人名。

十二

子贡曰："我不欲人之加诸我也，吾亦欲无加诸人。"子曰："赐也，非尔所及也。"

【译文】子贡说："我不想让别人将事情强加于我，我也不想将事情强加于别人。"孔子说："赐呀，这不是你力所能及的事。"

十三

子贡曰："夫子之文章，可得而闻也；夫子之言性与天道，不可得而闻也。"

【译文】子贡说："老师有关诗书礼乐的学问，我们能听到；老师有关的人本性与天道的见解与论述，我们就难于听到了。"

十四

子路有闻，未之能行，唯恐有闻。

【译文】子路听到一种见解，若尚未实现，此时最担心的是再听到另一种新的见解。

十五

子贡问曰：“孔文子[1]何以谓之‘文’也？”子曰：“敏而好学，不耻下问，是以谓之‘文’也。”

【译文】子贡问道：“凭什么称孔文子为‘文’呢？”孔子说：“他敏锐且勤奋学习，向不如他的人请教，也不感到羞耻。故而称他为‘文’。”

①孔文子：谥号文，春秋时卫国卿。

十六

子谓子产：“有君子之道四焉：其行己也恭，其事上也敬，其养民也惠，其使民也义。”

【译文】孔子谈到子产时，说：“子产具有君子的四种品德：他自己的行为举止显得谦逊，他侍奉君王谨慎小心，他安抚百姓讲求恩惠，他以公正合宜的道德行为役使百姓。”

十七

子曰：“晏平仲[①]善与人交，久而敬之。”

【译文】孔子说：“晏平仲擅长同人交往，交往越久越深，别人就越尊敬他。”

---

①晏平仲：即晏婴，春秋时齐国相，侍奉齐灵公、庄公、景公，以力主节俭而闻名。

十八

子曰：“臧文仲居蔡[①]，山节藻棁[②]，何如其知也？”

【译文】孔子说：“藏文仲将大乌龟藏在刻着山岳的斗拱、画着花草图案短柱的家庙里，此人怎么能说是聪明呢？”

---

①居蔡：把蔡藏起来。蔡是产于蔡地的大龟，古代占卜用。

②棁（zhuō）：大梁上的短柱。

十九

子张问曰："令尹子文三仕为令尹，无喜色；三已之，无愠色。旧令尹之政，必以告新令尹。何如？"子曰："忠矣。"曰："仁矣乎？"曰："未知，焉得仁？"

"崔子弑齐君，陈文子有马十乘，弃而违之。至于他邦，则曰：'犹吾大夫崔子也。'违之。之一邦，则又曰：'犹吾大夫崔子也。'违之，何如。"子曰："清矣。"曰："仁矣乎？"曰："未知，焉得仁？"

【译文】子张问道："令尹子文多次做令尹，却面无高兴之色；多次遭罢职，却面无怨恨之色。他每次离任，总要将自己在任时的政事全部告诉新令尹。他这种人怎么样呢？"孔子说："真可谓忠于职守了。"子张又问："他有仁爱之心吗？"孔子说："不知道。怎样算有仁爱之心呢？"

子张又问道："崔子杀了齐庄公。陈文子有四十匹马，却舍弃掉，离开齐国到了其他国家。他说：'你们这里的执政者同我国的崔子大夫完全一样。'于是他又离开那个国家，他又到了另一个国家说：'你们这里的执政者同我国的崔子大夫完全一样。'于是他又离开那个国家。他这种人怎么样呢？"孔子说："真可谓清白了。"子张又问："他有仁爱之心吗？"孔子说："不知道。怎样算有仁爱之心呢？"

二十

季文子三思而后行。子闻之，曰：“再，斯可矣。”

【译文】季文子办事总是反复考虑多次才着手进行。孔子听说后，说：“考虑两次就可以了。”

二十一

子曰：“宁武子[1]，邦有道，则知；邦无道，则愚。其知可及也，其愚不可及也。”

【译文】孔子说：“宁武子在国家有道之时显得特别聪明，在国家无道之时他就假装愚蠢。他的聪明，其他人能赶得上；他的那种假装愚蠢，其他人比不上。”

---

①宁武子：卫国人，庄公之子。

二十二

子在陈，曰：“归与！归与！吾党之小子狂简，斐然成章，不知所以裁之。”

【译文】孔子在陈国，说：“回去吧，回去吧！我家乡的弟子们志气高远，行为粗率简单，文采出众，我真不知道该如何估量、指导他们了。”

二十三

子曰："伯夷、叔齐，不念旧恶，怨是用[1]希。"

【译文】孔子说："伯夷、叔齐不念从前的仇恨与宿怨，故而，别人对他们的怨恨也就少了。"

①是用：因此。

二十四

子曰："孰谓微生高[1]直?成乞醯[2]焉，乞诸其邻而与之。"

【译文】孔子说："谁说微生高直爽？别人向他要一点醋，他不直说家中没醋，而是向邻居要了些醋再转给那个人。"

①微生高：鲁国人，以守信、直爽著称。
②醯（xī）：醋。

二十五

子曰："巧言、令色、足恭，左丘明耻之，丘亦耻之。匿怨而友其人，左丘明耻之，丘亦耻之。"

【译文】孔子说："甜言蜜语、装出笑脸、恭敬过分，左丘明将这些视为可耻，我孔丘也认为可耻。将对别人的怨恨藏在心底，表面还要假装与那人友好。左丘明将这些视为可耻，我孔丘也认为可耻。"

二十六

颜渊、季路侍。子曰：“盍各言尔志?”

子路曰:“愿车马衣轻裘与朋友共,敝之而无憾。”

颜渊曰：“愿无伐善，无施劳。”

子路曰：“愿闻子之志。”

子曰：“老者安之，朋友信之，少者怀之。”

【译文】颜渊、子路在孔子身边侍立。孔子说:“你二人为何不说一下各自的志向呢?”

子路说:“愿意乘坐车马，穿又轻又暖的皮衣，并且甘心情愿与朋友共同使用，即使用坏了，也没什么遗憾的。”

颜渊说:“我愿不夸耀自己的长处，不表白自己的功劳。”

子路说:“想听听老师的志向。”

孔子说:“我愿能使老年人平安欢乐，使朋友能信任我，使年轻人能怀念我。”

二十七

子曰："已矣乎！吾未见能见其过而内自讼[1]者也。"

【译文】孔子说："算啦！我还没见过发现了自己的过失而能在内心自我谴责的人。"

①讼（sònɡ）：责备，争辩是非。

二十八

子曰："十室之邑，必有忠信如丘者焉，不如丘之好学也。"

【译文】孔子说："在十户人家聚居的地方，必定有像我一样既忠诚又讲信用的人，只是不如我好学罢了。"

雍也篇第六

（共三十章）

一

子曰："雍也，可使南面。"

【译文】孔子说："冉雍啊，可以让他做卿大夫一类官。"

二

仲弓[①]问子桑伯子[②]，子曰："可也，简。"

仲弓曰："居敬而行简，以临其民，不亦可乎？居简而行简，无乃大简乎？"子曰："雍之言然。"

【译文】仲弓问子桑伯子此人怎么样，孔子说："还可以，他办事干脆而不繁琐。"

仲弓说："若既严肃又注重办事干脆利索，将此种办法用于统治天下百姓，不也可以吗？如若了草从事，办事亦马虎，这不是过分简单近乎应付了吗？"

孔子说："雍啊，你说得太对啦。"

①仲弓：即冉雍。

②子桑伯子：人名，据说是鲁国人。

三

哀公问："弟子孰为好学？"孔子对曰："有颜回者好学，不迁怒，不贰过。不幸短命死矣，今也则亡，未闻好学者也。"

【译文】鲁哀公问孔子："你所教的弟子中谁最为好学？"孔子回答说："有个叫颜回的最好学。他从不迁怒于人，也不重复同样的过错。不幸的是，他短命而去了。现在这样的人没了，我没听说过再有谁好学了。"

四

子华使于齐，冉子为其母请粟。子曰："与之釜[①]。"

请益，曰："与之庾[②]。"

冉子与之粟五秉[③]。

子曰："赤之适齐也，乘肥马，衣轻裘。吾闻之也：君子周急不继富。"

【译文】子华出使齐国，冉子替子华之母向孔子要点米。

孔子说："给她一釜吧。"

冉子请求多给些，孔子说："给她一庾吧。"

冉子于是给了子华之母五秉米。

孔子说："子华到齐国，乘的是肥壮的马拉的车，穿的是又轻又暖的皮衣。我听说过：君子周济急需帮助的真正穷人，而不是周济富人。"

①②③：釜、庾、秉均为古代容量单位。

五

原思为之宰，与之粟九百，辞。子曰："毋！以与尔邻里乡党乎！"

【译文】原思为孔子家做总管，孔子给他九百斗小米，他推辞不肯要。孔子说："不要推辞了，拿去给你家乡的人吧。"

六

子谓仲弓曰："犁牛之子骍且角，虽欲勿用，山川其舍诸?"

【译文】孔子谈到仲弓时，说："一头耕地的小牛犊满身红色皮毛，两只角长得端正。人不想用它来祭祀，难道山川之神会舍弃它吗？"

七

子曰："回也，其心三月不违仁，其余，则日月至焉而已矣。"

【译文】孔子说："颜回嘛，他的心里长期不离开仁爱，其他的弟子只能在短时间想到仁爱罢了。"

八

季康子问："仲由可使从政也与？"子曰："由也果，于从政乎何有？"

曰："赐也可使从政也与？"曰："赐也达，于从政乎何有？"

曰："求也可使从政也与？"曰："求也艺，于从政乎何有？"

【译文】季康子问孔子："可以派仲由去处理政事吗？"孔子说："仲由办事果断，他处理政事有何困难呢？"

季康子又问："可以派端木赐去处理政事吗？"孔子说："端木赐精通事理人情，他处理政事有何困难呢？"

季康子又问道："可以派冉求去处理政事吗？"

孔子说："冉求多才多艺，他处理政事有何困难呢？"

九

季氏使闵子骞为费宰。闵子骞曰："善为我辞焉！如有复我者，则吾必在汶上矣。"

【译文】季氏派人去请闵子骞为其封邑费的地方官。闵子骞对来人说："你好好替我谢绝吧！如再来请我去的话，我必定已去往汶水北边了。"

十

伯牛有疾，子问之，自牖执其手，曰："亡之，命矣夫！斯人也而有斯疾也！斯人也而有斯疾也！"

【译文】伯牛患病，孔子去探望时从窗户握住他的手，说："就要失去你这个人啦，这是天命啊！这样的人竟得了这种病！这样的人竟得了这种病！"

十一

子曰："贤哉，回也!一箪食，一瓢饮，在陋巷，人不堪其忧，回也不改其乐。贤哉，回也!"

【译文】孔子说："颜回，多么有德行啊！一竹篮子饭，一瓢水，住在狭窄的巷子里。一般的人难以忍受他的那种令人忧愁的处境，但颜回却不改他的乐观情趣。颜回多么有德行啊！"

十二

冉求曰："非不说子之道，力不足也。"子曰："力不足者，中道而废，今女画。"

【译文】冉求说："不是我不喜欢老师的思想学说，而是我的能力有限。"孔子说："若能力不足的话，应该是走到半路走不动了，才停下来。而现在你是自己先给自己划了条线，就停下来不再前行。"

十三

子谓子夏曰：“女为君子儒，无为小人儒！”

【译文】孔子对子夏说：“你应该做一个君子式的读书人，不要做小人式的读书人！”

十四

子游为武城宰。子曰：“女得人焉尔乎？”曰：“有澹台灭明者，行不由径，非公事，未尝至于偃之室也。”

【译文】子游做武城的长官。孔子说：“你在那个地方发现人才了吗？”子游说：“有个人叫澹台灭明，此人办事不搞歪门邪道，不为公事，从来不到我住的地方。”

十五

子曰：“孟之反[①]不伐[②]，奔而殿，将入门，策其马，曰：‘非敢后也，马不进也。’”

【译文】孔子说：“孟之反从不自夸，打了败仗撤退时，他总是留在最后进行掩护。临进城门时，面对欢迎他的人群，他策马对大家说：‘不是我敢走在后面，是我的马跑得不快呀！’”

①孟之反：鲁国的大夫。

②伐：夸耀功劳。

十六

子曰："不有祝鮀之佞，而有宋朝之美，难乎免于今之世矣。"

【译文】孔子说："如若没有祝鮀那般雄辩的口才，而只有宋朝公子的美貌，当今之世就很难避免祸患了。"

十七

子曰："谁能出不由户？何莫[①]由斯道也？"

【译文】孔子说："有谁能走出屋子却不经过房门？为何没有人在我指引的这条大路上行走呢？"

①何莫：为什么没有。

十八

子曰："质胜文则野，文胜质则史。文质彬彬，然后君子。"

【译文】孔子说："质朴胜过文采，则显得粗俗；文采胜过质朴，则显得浮夸虚伪。质朴与文采恰当相配，便成为文雅而朴实的君子了。"

十九

子曰："人之生也直，罔之生也幸而免。"

【译文】孔子说："人活在世上要正直；不正直的人也能活在世上，只是因为他们侥幸地躲避了灾难与祸患。"

二十

子曰："知之者不如好之者，好之者不如乐之者。"

【译文】孔子说："懂得学问不如喜欢学问，喜欢学问不如将钻研学问作为一种乐趣。"

二十一

子曰："中人以上，可以语上也；中人以下，不可以语上也。"

【译文】孔子说："天赋为中等以上者，可以向他传授高深的学识；天赋为中等以下者，无法向他传授高深的学识。"

二十二

樊迟问知，子曰："务民之义，敬鬼神而远之，可谓知矣。"问仁，曰："仁者先难而后获，可谓仁矣。"

【译文】樊迟问何为聪明，孔子说："全力办好百姓的事情，尊敬鬼神却远离它们，这样才算是聪明。"樊迟又问何为仁德，孔子说："艰难困苦的事抢先去做，获得利益的事先让给别人，这种做法即是仁德。"

二十三

子曰："知者乐水，仁者乐山。知者动，仁者静。知者乐，仁者寿。"

【译文】孔子说："聪明人喜欢水，讲仁德的人喜欢山。聪明人常常活动，讲仁德的人喜欢安静。聪明人快乐得很，讲仁德的人长寿。"

二十四

子曰："齐一变，至于鲁；鲁一变，至于道。"

【译文】孔子说："齐国政治一变革，就会达到鲁国的政治水准了；鲁国的政治一变革，就会合乎先王之道了。"

二十五

子曰："觚[①]不觚，觚哉？觚哉？"

【译文】孔子说："觚不像觚。这怎么能是觚啊？这怎么能是觚啊？"

①觚（gū）：古代木制酒具。

二十六

宰我问曰："仁者，虽告之曰'井有仁焉'，其从之也？"子曰："何为其然也?君子可逝也，不可陷也；可欺也，不可罔也。"

【译文】宰我问道："向有仁德的人说'有位讲仁德的人掉到井里了'，此人会跟着跳到井里吗？"孔子说："为何要这样做呢？可以让君子去井旁设法救人，却不可让他也陷入井里。君子可以被欺骗，但不可以被愚弄。"

二十七

子曰："君子博学于文，约之以礼，亦可以弗畔[①]矣夫！"

【译文】孔子说："君子应广泛地学习知识，以礼约束自己的言行，这样，就可以不背离君子之道了。"

①畔：同"叛"。背离，背叛。

二十八

子见南子[①]，子路不说。夫子矢之曰："予所否[②]者，天厌之！天厌之！"

【译文】孔子去见南子，子路显得不高兴。孔子对天发誓："我的行为若不合礼，上天就厌弃我吧！上天就厌弃我吧！"

①南子：卫灵公夫人，原是宋国贵族。

②否：不是，不对。指做了什么不正当的事情。

二十九

子曰："中庸之为德也，其至矣乎！民鲜久矣。"

【译文】孔子说："中庸作为一种道德，算是至高无上的啦！中庸对人们来说已是久违了的道德规范。"

三十

子贡曰："如有博施于民而能济众，何如?可谓仁乎?"子曰："何事于仁！必也圣乎!尧舜其犹病诸!夫仁者，己欲立而立人，己欲达而达人。能近取譬，可谓仁之方也已。"

【译文】子贡说："如若有人能给予百姓广泛的恩惠，救济他们，此人怎么样呢？能否称得上仁人？"孔子说："何止是仁人呢，必定是圣人啊！尧舜恐怕也难做到吧。有仁德的人，自己想确立的同时帮助别人确立，自己想要办到的也帮助别人办到，其可谓推己及人。这就是具体施行仁德的方法。"

述而篇第七

（共三十八章）

一

子曰："述而不作，信而好古，窃比于我老彭[1]。"

【译文】孔子说："只传述旧的文化典籍，而不创新，相信且喜好古代的文化。我私下与老彭相比。"

①老彭：商朝大夫。

二

子曰："默而识[1]之，学而不厌[2]，诲人不倦，何有于我哉？"

【译文】孔子说："将所学的知识记在心里，努力学习而永不满足，教诲他人从不倦怠。这几方面我做到了哪一点？"

①识(zhì)：纪录。
②厌：通"餍"。本义是饱食，引申为满足。

三

子曰："德之不修，学之不讲，闻义不能徙，不善不能改，是吾忧也。"

【译文】孔子说："德行不予修养，学问不去讲习，听到合乎义的事不能去做，自己有毛病又不改。这些都是我所忧虑的啊！"

四

子之燕居[①]，申申[②]如也，夭夭[③]如也。

【译文】孔子在家消闲之时，显得舒展、轻松且畅快。

①燕居：燕，通“宴”。安逸，闲适。燕居即闲居。
②申申：衣冠整齐，容貌舒展安详。
③夭夭：脸色斯文自在，轻松畅快。

五

子曰：“甚矣，吾衰也！久矣，吾不复梦见周公！”

【译文】孔子说：“我衰老得多么厉害呀！我很久没有梦见周公了。”

六

子曰：“志于道，据于德，依于仁，游于艺。”

【译文】孔子说：“志向在于‘道’，信守在于‘德’，依据在于‘仁’，游戏娱乐在于‘艺’。”

七

子曰：“自行束脩[①]以上，吾未尝无诲焉。”

【译文】孔子说：“凡是带着束脩来见我的，我从来没有不予教诲的。”

①束脩(xiū)：指干肉。古人相见，必执礼，束脩是最菲薄的一种。

八

子曰："不愤不启，不悱不发。举一隅不以三隅反，则不复也。"

【译文】孔子说："教诲学生时，不到他很想弄明白却又无法弄明白时不去开导他，不到他很想说出来却又说不清楚时不去启发他。凡不能举一反三者，我就不再重复教他了。"

九

子食于有丧者之侧，未尝饱也。

【译文】孔子在办丧事的人身旁吃饭，从来没有吃饱过。

十

子于是日哭，则不歌。

【译文】孔子在吊丧的这一天哭过，他在这一天就不唱歌了。

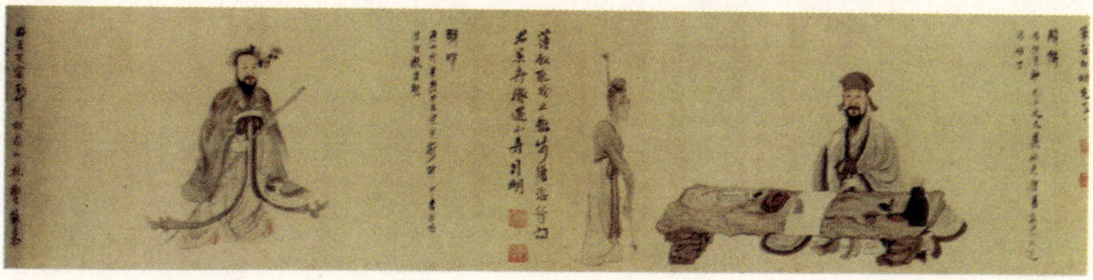

十一

子谓颜渊曰："用之则行，舍之则藏，惟我与尔有是夫！"

子路曰："子行三军，则谁与？"

子曰："暴虎冯河，死而无悔者，吾不与也。必也临事而惧，好谋而成者也。"

【译文】孔子对颜渊说："用我，我就去干；不用我，就隐藏起来。只有我和你能如此行事了。"

子路说："假若您去统帅军队作战，你和谁共事呢？"

孔子说："空手搏斗老虎，徒步涉水过河，死了也不后悔的人，我不会与他共事。同我共事的人必须是遇事谨慎小心、善于谋略且能取得成功的人。"

十二

子曰："富而可求也，虽执鞭之士，吾亦为之。如不可求，从吾所好。"

【译文】孔子说："财富要是可以求得的话，即便是做下等差役，我也愿意。如若不能求得，那我还是干自己喜欢的事。"

十三

子之所慎：齐[1]、战、疾。

【译文】孔子所慎重对待的三件事为：斋戒、战争与疾病。

①齐：同"斋"。指祭祀之前虔诚的斋戒。

十四

子在齐，闻《韶》，三月不知肉味，曰：“不图为乐之至于斯也。”

【译文】孔子在齐国，听到《韶》乐后，很长时间尝不出肉味，于是说：“真没想到《韶》乐会达到这么迷人的地方！”

十五

冉有曰：“夫子为卫君乎？”子贡曰：“诺，吾将问之。”入，曰：“伯夷、叔齐何人也？”曰：“古之贤人也。”曰：“怨乎？”曰：“求仁而得仁，又何怨？”出，曰：“夫子不为也。”

【译文】冉有问子贡：“老师会帮助卫君吗？”子贡说：“嗯，我去问问他。”子贡进去问孔子：“伯夷、叔齐是怎样的人？”孔子说：“他们是古代的贤人哪！”子贡又问：“他俩互让君位而出逃，心中有怨恨吗？”孔子回答说：“他俩谋求仁德，又得到了仁德，还有什么可怨恨的呢？”子贡出来后对冉有说：“老师不会帮助卫君。”

十六

子曰："饭疏食，饮水，曲肱而枕之，乐亦在其中矣。不义而富且贵，于我如浮云。"

【译文】孔子说："吃粗糙的饭，喝冷水，弯着胳膊当枕头枕，乐趣也就在这里面了。以不义之手段获得的富贵，对我来说，犹如天上飘动的浮云。"

十七

子曰："加我数年，五十以学《易》，可以无大过矣。"

【译文】孔子说："如果我寿命增加几年，五十岁时学习《易经》，则可以不犯大的过错了。"

十八

子所雅言，《诗》、《书》、执礼皆雅言也。

【译文】孔子有时用通行的语言，读《诗经》、《尚书》与赞礼时，都用这种雅言。

十九

叶公问孔子于子路，子路不对。子曰："女奚不曰：其为人也，发愤忘食，乐以忘忧，不知老之将至云尔①。"

【译文】叶公通过子路打听孔子是怎样的一个人，子路没有回答。孔子对子路说："你为何不说，他的为人啊，发愤读书竟忘了吃饭，高兴时忘了忧愁，连自己马上要衰老了也不知道，如此而已。"

①云尔：罢了，如此而已。

二十

子曰："我非生而知之者，好古，敏以求之者也。"

【译文】孔子说："我并非生来就有学问，我的学问是我喜好古代文化，敏捷勤奋寻求来的啊！"

二十一

子不语怪、力、乱、神。

【译文】孔子不谈论怪异、暴力、叛乱与鬼神这四件事情。

二十二

子曰："三人行，必有我师焉。择其善者而从之，其不善者而改之。"

【译文】孔子说："几个人走路，其中必定有人可做我的老师。我选择他们的长处去学习，用他们的缺点毛病来对照检查自己，并加以改正。"

二十三

子曰："天生德于予，桓魋[①]其如予何！"

【译文】孔子说："上天将美好的品德赋予了我，桓魋能把我怎么样呢？"

①桓魋(tuí)：宋国人，任主管军政的司马。

二十四

子曰："二三子[1]以我为隐乎?吾无隐乎尔。吾无行而不与二三子者，是丘也。"

【译文】孔子说："你们这些弟子以为我对你们有什么隐瞒的吗？我对你们没有可隐瞒的，我没有任何行动不让你们知道。我孔丘就是这样的人。"

①二三子：孔子客气地称呼弟子们。

二十五

子以四教：文、行、忠、信。

【译文】孔子教诲弟子的四个方面为：典籍文献、实践德行、忠诚待人、诚信至上。

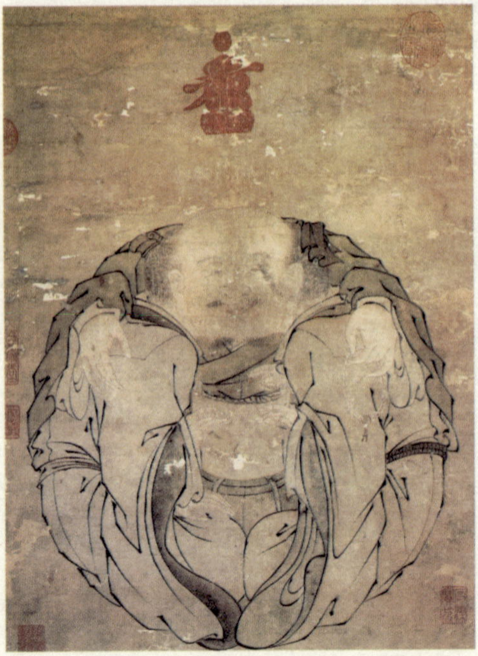

二十六

子曰："圣人，吾不得而见之矣；得见君子者，斯可矣。"

子曰："善人，吾不得而见之矣；得见有恒者，斯可矣。亡而为有，虚而为盈，约[①]而为泰[②]，难乎有恒矣。"

【译文】孔子说："圣人，我是看不到了；我能看到君子，这也就可以了。"孔子说："善人，我是看不到了；我能看到有恒心的重气节操守的人，也就可以了。本来没有却假装有，本来空虚却假装充实，本来穷却假装富，如此一来，就很难保持恒久的气节操守了。"

①约：穷困。

②泰：宽裕，富有，奢侈。

二十七

子钓而不纲，弋①不射宿。

【译文】孔子只钓鱼，从不用网捕鱼，从不射已归巢的鸟。

①弋(yì)：有带绳的箭射鸟。

二十八

子曰："盖有不知而作之者，我无是也。多闻，择其善者而从之，多见而识之，知之次也。"

【译文】孔子说："可能有自己并不明白却妄加独创的人，我可没有此类事情。广泛听取各种意见，从中选择好的意见加以运用；多看各种各样的事情，且铭记心里；这样学来的知识仅次于从书本上得来的知识。"

二十九

互乡[①]难与言，童子见，门人惑。子曰："与[②]其进也，不与其退也，唯何甚！人洁己以进，与其洁也，不保其往也。"

【译文】互乡的人很难同他们说上话。互乡的一个少年却与孔子见了面。为此，孔子的弟子们大惑不解。孔子说："我赞成他的进步，不赞成他的倒退。我这样做有何过分之处！人家已去掉身上的污点有所进步，就应赞成他的洁净，不应抓住人家的过去不放。"

①互乡：地名，据传此地的人多做不义之事。

②与：赞许，肯定，赞成。

三十

子曰："仁远乎哉？我欲仁，斯仁至矣。"

【译文】孔子说："仁德真的离我们很远吗？我想具有仁德，仁德就会到来的。"

三十一

陈司败[①]问："昭公知礼乎？"孔子曰："知礼。"

孔子退，揖巫马期[②]而进之，曰："吾闻君子不党，君子亦党乎？君取于吴，为同姓，谓之吴孟子。君而知礼，孰不知礼？"

巫马期以告。子曰："丘也幸，苟有过，人必知之。"

【译文】陈国的司败问孔子："鲁昭公知礼吗？"孔子说："知礼。"

孔子走出去以后，陈国的司败向巫马期作揖，请其走近自己说："我听说君子不袒护别人，莫非孔子会袒护别人吗？鲁君从吴国娶了一位夫人，为同姓，称那夫人为吴孟子。鲁君若算得上知礼，那还能有谁不知礼呢？"

巫马期将陈国的司败说的这话告诉了孔子。孔子说："我孔丘真够幸运，如若我有过失，别人一定会知道，并告诉我。"

---

①司败：官名，春秋时楚、陈二国司寇为司败，主管镇压盗贼、刑狱及治安。

②巫马期：孔子的弟子，鲁国人。

三十二

子与人歌而善，必使反之，而后和之。

【译文】孔子同别人一起唱歌，别人若唱得好，就让那人再唱，而后跟着那人唱。

三十三

子曰："文，莫吾犹人也。躬行君子，则吾未之有得。"

【译文】孔子说："就学问而言，我也许同其他人不相上下；就躬行君子之美德而言，我还没有完全做到。"

三十四

子曰："若圣与仁，则吾岂敢！抑为之不厌，诲人不倦，则可谓云尔已矣。"公西华曰："正唯弟子不能学也。"

【译文】孔子说："若论及圣与仁，我怎敢承当！我只不过在探求学问上不感到厌烦，教诲别人时不倦怠，也就是这些罢了。"公西华说："这恰恰是我们这些弟子所学不到的呀！"

三十五

子疾病，子路请祷。子曰："有诸?"子路对曰："有之。《诔》曰：'祷尔于上下神祇。'"子曰："丘也祷久矣。"

【译文】孔子病有点重，子路请求祷告。孔子问道："真有这回事吗?"子路说："有，《诔》上说：'替你向天神地神祷告。'"孔子说："我也祷告很久了。"

三十六

子曰："奢则不孙[①]，俭则固，与其不孙也，宁固。"

【译文】孔子说："奢侈则会显得不恭顺，节俭则会显得简陋。与其不恭顺，宁可守着简陋。"

①孙：同"逊"。恭顺，谦让。

三十七

子曰："君子坦荡荡，小人长戚戚。"

【译文】孔子说："君子心地纯洁，胸襟宽畅，而小人则常常忧愁伤感。"

三十八

子温而厉，威而不猛，恭而安。

【译文】孔子温和且严肃，威严却不凶暴，庄重且安详。

泰伯篇第八

（共二十一章）

一

子曰："泰伯[①]，其可谓至德也已矣。三以天下让，民无得而称焉。"

【译文】孔子说："泰伯可以说是品德最高尚的了。他多次将天下让给其二弟季历，百姓无法用语言来赞美他。"

①泰伯：周朝祖先古公亶父的长子。

二

子曰："恭而无礼则劳，慎而无礼则葸[①]，勇而无礼则乱，直而无礼则绞[②]。君子笃于亲，则民兴于仁；故旧不遗，则民不偷[③]。"

【译文】孔子说："恭敬庄重却不懂礼，则会劳累；谨慎从事却不懂礼，则会畏惧；勇敢却不懂礼，则会犯上作乱；直爽却不懂礼，则会尖刻。君子若能忠实对待其亲人，百姓就会大兴仁德在上位的人若能不遗弃其故友旧好，百姓就不会冷漠相待。"

①葸（xǐ）：胆怯畏惧。
②绞：尖酸刻薄，出口伤人。
③偷：刻薄，此指冷漠的样子。

三

曾子有疾，召门弟子曰："启予足！启予手！《诗》云：'战战兢兢，如临深渊，如履薄冰。'而今而后，吾知免夫！小子！"

【译文】曾子患病，将其弟子召集在一起，说："你们看看我的脚，看看我的手！《诗经》上说：'小心谨慎啊，就像走近极深的水旁，就像在薄薄的冰层上行走一样。'我明白，从今往后可以免于遭受祸患了，弟子们哪！"

四

曾子有疾，孟敬子[①]问之。曾子言曰："鸟之将死，其鸣也哀；人之将死，其言也善。君子所贵乎道者三：动容貌，斯远暴慢矣；正颜色，斯近信矣；出辞气，斯远鄙倍[②]矣。笾豆之事[③]，则有司存。"

【译文】曾子患病，孟敬子前去看望。曾子说："鸟快死的时候，它的叫声是悲凉的；人快死的时候，他所说的话，也是善良的。君子应当重视的道德有三个方面：自己的容貌应端正谦逊，这样可避免他人对自己的粗暴与怠慢；自己的脸色应庄重严肃，这样可以使自己接近诚信；讲求言辞与口气的恰到好处，以避免鄙俗的差错。至于祭祀方面的礼仪细节，则有专门的官员操持。"

---

①孟敬子：姓仲孙，鲁国大夫。

②鄙倍：鄙，粗野。倍，同"背"。指背理的，错误的。

③笾(biān)豆之事：笾、豆，古代盛食物的器皿，祭祀时常用。这里借指礼仪活动之事。

五

曾子曰："以能问于不能，以多问于寡；有若无，实若虚，犯而不校①。昔者吾友②尝从事于斯矣。"

【译文】曾子说："有能力的人向无能力的人请教，学问丰富的人向学问浅薄的人请教。自己本来满肚子学问，却像什么学问也没有一样；自己本来有实实在在的知识，却像什么知识也没有一样；他人冒犯了自己，自己也并不计较。过去，我的一位朋友就是这样做的。"

①校（jiào）：计较。
②吾友：我的朋友。据认为，指的是颜回。

六

曾子曰："可以托六尺之孤，可以寄百里之命，临大节而不可夺也。君子人与？君子人也。"

【译文】曾子说："可以将年幼的君王托付给他，可以将国家的政令交给他，他面对存亡的关头，决不动摇。这种人可称得上君子吗？可以称得上君子啦！"

七

曾子曰："士不可以不弘毅，任重而道远。仁以为己任，不亦重乎？死而后已，不亦远乎？"

【译文】曾子说："读书人不可以不胸怀宽广，他们责任重大，道路遥远。他们将实现仁德作为自己的责任，这能不重要吗？努力到死才罢休，难道不也是遥远吗？"

八

子曰：“兴于《诗》，立于礼，成于乐。”

【译文】孔子说：“激励志气源于《诗经》，建树德行源于礼，完善情操源于乐。”

九

子曰：“民可使由之，不可使知之。”

【译文】孔子说：“老百姓，可以使他们顺从，不可使他们懂得为什么这样做。”

孔子

十

子曰："好勇疾贫，乱也；人而不仁，疾之已甚，乱也。"

【译文】孔子说："喜好勇武而痛恨贫困，则会带来祸乱；过分痛恨不仁的人，则会带来祸乱。"

十一

子曰："如有周公之才之美，使骄且吝，其余不足观也已。"

【译文】孔子说："有人能像周公那样有才有美德，可他既骄横又吝啬，那么，他的其他方面也就不值得再看了。"

十二

子曰："三年学，不至于谷[①]，不易得也。"

【译文】孔子说："读了多年的书，仍未想到要做官。这种人真难得啊！"

①谷：谷子，小米。古时官吏的俸禄以谷子来计算，故以"谷"指代做官及其俸禄。

十三

子曰："笃信好学，守死善道。危邦不入，乱邦不居。天下有道则见，无道则隐。邦有道，贫且贱焉，耻也；邦无道，富且贵焉，耻也。"

【译文】孔子说："忠实地信仰，刻苦地学习，死守做人的善道。政局不稳的国家不去，混乱无序的国家不住。天下有道，则出来做官；天下无道，则隐退。国家有道，自己贫贱而不能出头，此为耻辱；国家无道，自己却富贵，此为耻辱。"

十四

子曰："不在其位，不谋其政。"

【译文】孔子说："不在那个职位上，就不要考虑那个职位上的政务。"

十五

子曰："师挚之始，《关雎》之乱①，洋洋乎盈耳哉！"

【译文】孔子说："从鲁国的乐师挚开始演奏，一直到以《关雎》结尾。乐声美妙，充满了我的双耳。"

①乱：指多种乐器合奏的乐曲结尾一段。

十六

子曰："狂而不直，侗[1]而不愿[2]，悾悾[3]而不信，吾不知之矣。"

【译文】孔子说："狂妄而不直率，幼稚而不谨慎，看似诚实，而不讲信用。我真的不理解这种人怎么会这样！"

①侗(tóng)：幼稚无知。
②愿：谨慎，厚道。
③悾(kōng)悾：诚恳。

十七

子曰："学如不及，犹恐失之。"

【译文】孔子说："钻研学问要有紧迫感，生怕追赶不上，学得后惟恐又丢掉了。"

十八

子曰："巍巍乎，舜禹之有天下也，而不与焉。"

【译文】孔子说："伟大呀，伟大！舜禹拥有天下，却不谋取任何私利。"

十九

子曰："大哉，尧之为君也!巍巍乎!唯天为大，唯尧则之。荡荡乎!民无能名焉。巍巍乎其有成功也，焕乎其有文章[1]!"

【译文】孔子说："伟大啊，尧这样的君王！多么崇高呀！天最高大，惟有尧可与天相比。尧的恩德多广啊，天下百姓真不知该如何赞颂他。他的功绩多么崇高啊，他的礼乐法度光彩四射，光明显赫！"

①文章：礼乐典章制度。

二十

舜有臣五人[1]而天下治。武王曰："予有乱[1]臣十人。"孔子曰："才难，不其然乎?唐虞之际，于斯为盛。有妇人焉，九人而已。三分天下有其二，以服事殷。周之德，其可谓至德也已矣。"

【译文】舜仅有五位贤臣就能使天下大治。周武王说："我有十位大臣治理天下。"孔子说："人才难得，难道不是这样吗？唐尧、虞舜的那个时代人才最为旺盛。周武王的十位大臣中有一位是女的，故只能说是九位吧。周文王虽得了三分之二的天下，却仍向商纣称臣。周文王的道德可算是达到最高境界了。"

①五人：传说舜有五位贤臣，即禹、稷、契、皋陶与伯益。

②乱：治理的意思。

二十一

子曰："禹，吾无间然矣。菲[①]饮食而致孝乎鬼神，恶衣服而致美乎黻冕[②]，卑宫室而尽力乎沟洫。禹，吾无间然矣。"

【译文】孔子说："禹，我对他实在无法挑剔什么了。他的饮食很差劲，却将祭鬼神的祭品弄得很像样；他穿的衣服很差劲，却把祭祀用的祭服做得十分华美；他住的宫室很简陋，却尽一切力量修沟渠。禹，我对他实在无法挑剔什么了。"

①菲 (fěi)：菲薄，不丰厚。

②黻 (fǔ) 冕 (miǎn)：祭祀时穿的礼服。

子罕篇第九

（共三十一章）

一

子罕言利，与[1]命与仁。

【译文】孔子很少谈及财利，赞同天命与仁德。

①与：肯定，赞同。

二

达巷党人曰："大哉，孔子！博学而无所成名。"子闻之，谓门弟子曰："吾何执[1]？执御乎？执射乎？吾执御矣。"

【译文】达巷的人说："伟大啊，孔子！他学问渊博，只是缺乏特长，难以成名啊。"孔子听了这话，对弟子们说："我专攻哪一种技艺为好呢？专攻驾车，还是射箭？我就专攻驾车吧。"

①执：专门从事。

三

子曰："麻冕，礼也；今也纯[1]，俭。吾从众。拜下，礼也；今拜乎上，泰[2]也。虽违众，吾从下。"

【译文】孔子说："用麻织礼帽，符合礼节；现今改作丝绸做礼帽，比用麻节省。我赞同人们的做法。臣子见君王，先于堂下拜，而后再升堂拜，这符合传统的礼节；如今都只是升堂拜，这轻慢高傲的做法。我的主张虽违背人们的做法，但我仍坚持先于堂下拜，而后再升堂拜。"

①纯：黑色的丝绸。

②泰：轻慢高傲。

四

子绝四：毋意，毋必，毋固，毋我。

【译文】孔子坚持“四不”：不主观意料，不绝对肯定，不固执己见，不唯我独尊。

五

子畏[1]于匡，曰：“文王既没，文不在兹乎？天之将丧斯文也，后死者不得与于斯文也；天之未丧斯文也，匡人其如予何？”

【译文】孔子在匡这个地方被当地人拘禁起来。孔子说：“周文王死后，古代文化遗产不都在我这里吗？上天若想消灭这种文化遗产，我孔丘也就不掌握它们了；上天若不想消灭这种文化遗产，那么，匡那里的人又能将我怎么样呢？”

①畏：被拘禁。

六

太宰问于子贡曰：“夫子圣者与？何其多能也？”子贡曰：“固天纵之将圣，又多能也。”

子闻之，曰：“太宰知我乎？吾少也贱，故多能鄙事。君子多乎哉？不多也。”

【译文】太宰问子贡：“孔夫子是圣人吗？他为何这么多才多艺呢？”子贡说：“本来是上天让他成为圣人，又让他多才多艺的。”

孔子听说后，说：“太宰了解我吗？我小时候生活贫寒，故而学了许多卑贱的技艺。真正的君子要有这么多技艺吗？不用多啊！”

七

牢曰："子云：'吾不试[①]，故艺。'"

【译文】牢说："孔子说过：'我未被重用，故而学了许多技艺。'"

①试：用。引申为做官，被重用。

八

子曰："吾有知乎哉？无知也。有鄙夫问于我，空空如也。我叩其两端而竭焉。"

【译文】孔子说："我有学识吗？我无学识啊！一个庄稼汉问我，我其实一点儿也不知道。我根据他所提问题的始末及正反两个方面，逐一判断，最后将答案尽量满意地告诉他。"

九

子曰："凤鸟不至，河不出图，吾已矣夫！"

【译文】孔子说："凤凰不飞来，黄河无龙背八卦图出现，我也就是这样啦！"

十

子见齐衰者，冕衣裳者与瞽者，见之，虽少，必作；过之，必趋。

【译文】孔子见到穿丧服的、穿着礼服戴礼帽的及瞎了眼的人，即便是年轻人，也必定站起身来，若从他们身边走过，也必定是快步而过。

十一

颜渊喟然叹曰："仰之弥高，钻之弥坚。瞻之在前，忽焉在后。夫子循循然善诱人，博我以文，约我以礼，欲罢不能。既竭吾才，如有所立卓尔。虽欲从之，末由①也已。"

【译文】颜渊叹息说："我仰望老师的思想和学问，越觉得它高；我钻研老师的思想和学问，越觉得它深奥。我看到它似乎在眼前，忽而又像到了后面。老师善于循序渐进地引导我，以典籍广博丰富的学问教育我，以礼约束我的行为，使我想中断学习成为不可能。我已用尽了我的才能，老师要教我的学问仿佛高高地矗立在我面前，我想攀登上去，已感到无路可上了。"

①末由：末，无。由，途径。末由，指没有办法去达到。

十二

子疾病，子路使门人为臣。病间，曰："久矣哉，由之行诈也！无臣而为有臣。吾谁欺？欺天乎？且予与其死于臣之手也，无宁[①]死于二三子之手乎！且予纵不得大葬，予死于道路乎？"

【译文】孔子病情加重，子路便让他的弟子们做家臣，准备操办丧事。孔子病情好转后，知道了这件事，便说："仲由这种骗人的把戏已很久了。本来没有家臣，却偏要装作有家臣。我骗谁呀？我欺骗天吗？我与其死在家臣手里，宁可死在你们这些弟子手中。我即使享受不上卿大夫的葬礼，莫非能死在路上无人安葬吗？"

①无宁：宁可。

十三

子贡曰："有美玉于斯，韫椟[①]而藏诸？求善贾而沽诸？"子曰："沽之哉！沽之哉！我待贾者也！"

【译文】子贡说："如若这里有块美玉，是将之放在柜子里收藏呢，还是找个识货的商人将它卖掉呢？"孔子说："卖掉它！卖掉它！我在等待识货的商人呢！"

①韫(yùn)椟(dú)：藏在柜子里。表示怀才未用。

十四

子欲居九夷。或曰："陋[①]，如之何？"子曰："君子居之，何陋之有？"

【译文】孔子想去九夷居住。有人说："那地方很落后，怎么住呢？"孔子说："君子去居住，还会有什么落后呢？"

①陋：狭小，简陋。引申为经济、文化的落后。

十五

子曰："吾自卫反鲁，然后乐正，《雅》、《颂》各得其所。"

【译文】孔子说："我从卫国回到鲁国，而后将乐章整理出来，于是《雅》、《颂》各自归入其原来的位置。"

十六

子曰："出则事公卿，入则事父兄，丧事不敢不勉，不为酒困，何有于我哉？"

【译文】孔子说："在外则侍奉公卿，在家则侍奉父兄，办丧事不敢不尽力，不被酒困扰。此类事我做得如何呢？"

十七

子在川上曰："逝者如斯夫，不舍昼夜。"

【译文】孔子站在河边，说："逝去的时光多像这河水呀，日夜不停地向前奔流而去。"

十八

子曰："吾未见好德如好色者也。"

【译文】孔子说："我未曾见过有谁喜好德行像喜欢女色那样。"

十九

子曰："譬如为山，未成一篑，止，吾止也。譬如平地，虽覆一篑，进，吾往也。"

【译文】孔子说："譬如堆一座土山，仅差一筐土就堆成了，可是却停住了，这是半途而废。譬如平地，刚倒下一筐土，再继续倒下去，这是坚持不懈。"

二十

子曰："语之而不惰者，其回也与！"

【译文】孔子说："听我说话毫不懈怠者，也就只有颜回吧！"

二十一

子谓颜渊曰："惜乎！吾见其进也，未见其止也。"

【译文】孔子谈到颜渊时，说："多可惜呀！他死前我只看到他求学问不断地进步，没有看到过他中断对学问的探求。"

二十二

子曰："苗而不秀者有矣夫！秀而不实者有矣夫！"

【译文】孔子说："庄稼长苗却不吐穗、开花，这种情形有啊！吐穗开花了，却不结果实，这种情形有啊！"

二十三

子曰："后生可畏，焉知来者之不如今也？四十、五十而无闻焉，斯亦不足畏也已。"

【译文】孔子说："青年人极容易超过他们的前辈，哪能知道后一辈的人比不上今天的人呢？一个人到了四十岁、五十岁仍无名望，也就不会对他人构成威胁了。"

二十四

子曰："法语之言[①]，能无从乎？改之为贵。巽与之言[②]，能无说乎？绎[③]之为贵。说而不绎，从而不改，吾末如之何也已矣。"

【译文】孔子说："合乎礼法的论述，能不遵从吗？纠正失误是可贵的。以恭维的话语赞颂，能不欣慰吗？理解恭维话语的真义所在甚为可贵。只是一味地欣喜，而不去理解恭维话语的真义，只是一味地遵从而不纠正失误，面对如此情形，我也无能为力了。"

①法语之言：合乎礼法的话。
②巽(xùn)与之言：好听的、恭维的话。"巽"，通"逊"。
③绎(yì)：抽丝。引申为探究、分析。

二十五

子曰："主忠信，毋友不如己者，过则勿惮改。"

【译文】孔子说："主张忠实诚信，切勿同不如自己的人交朋友，犯了过失不要怕纠正。"

二十六

子曰："三军可夺帅也，匹夫[①]不可夺志也。"

【译文】孔子说："可以使军队的统帅丧失，而一个人的志向是不可被迫改变的。"

①匹夫：普通的人，男子汉。

二十七

子曰："衣敝缊袍[①]，与衣狐貉者立，而不耻者，其由也与！'不忮[②]不求，何用[③]不臧[④]？'"子路终身诵之。子曰："是道也，何足以臧？"

【译文】孔子说："穿着破旧的棉袍，同穿着狐裘皮袍的人站在一起，并不感到羞耻的，也只有仲由吧！'不嫉妒，不贪求，为什么不好呢？'"子路终生诵读着这两句诗。孔子说："只是做到这些，何以谈得上好呢？"

①衣敝缊(yùn)袍：衣，穿。敝，破，坏。缊，乱麻，旧棉絮。全句指穿着破旧的棉袍。

②忮(zhì)：嫉妒别人。

③何用：何行，什么行为。

④臧(zāng)：好，善。

二十八

子曰："岁寒，然后知松柏之后凋也。"

【译文】孔子说："只在严寒的冬天，才能知道松柏是最后凋谢的。"

二十九

子曰："知者不惑，仁者不忧，勇者不惧。"

【译文】孔子说："聪明人无困惑，讲仁爱的人无忧患，勇敢的人无惧怕。"

三十

子曰："可与共学，未可与适道；可与适道，未可与立；可与立，未可与权。"

【译文】孔子说："有的人可以同他一道学习，却未必可以同他一道寻求道义；有的人可以同他一道寻求道义，却未必可以同他站在一起；有的人可以同他站在一起，却未必可以同他权衡得失。"

三十一

"唐棣之华，偏其反而①，岂不尔②思？室是远而。"

子曰："未之思也，夫何远之有？"

【译文】"棠棣开花，随风摇摆。我难道不想念你吗？只是因为你居住的太远了。"孔子说："想必没真正有想念吧！若真想念的话，怎么会觉得遥远呢？"

---

①偏其反而：偏，同"翩"，随风摆动。反，通"翻"，翻动。而，语助词，无义。

②尔：你。

乡党篇第十

（共二十七章）

一

孔子于乡党，恂恂[1]如也，似不能言者。其在宗庙朝廷，便便[2]言，唯谨尔。

【译文】孔子在故乡时行为举止颇为恭顺，仿佛不善于说话的样子。他在宗庙里，在朝廷，说话却清晰而详细，只不过是谨慎罢了。

①恂（xún）恂：温和恭顺。

②便（pián）便：善于言谈，辩论详明。

二

朝，与下大夫言，侃侃[1]如也；与上大夫言，訚訚[2]如也。君在，踧踖[3]如也，与与[4]如也。

【译文】孔子在朝廷，与下大夫交谈时，从容不迫；与上大夫交谈时，和颜悦色且能直言。君王在朝廷时，孔子恭敬而不安，走路徐缓，行动、仪态非常得体。

①侃（kǎn）侃：理直气壮，从容不迫。

②訚（yín）訚：和颜悦色，诚恳直言。

③踧（cù）踖（jí）：恭敬而不安。

④与与：慢步行走，小心谨慎。

三

君召使摈[①]，色勃如[②]也，足躩如[③]也。揖所与立，左右手，衣前后，襜如[④]也。趋进，翼如也。宾退，必复命曰："宾不顾矣。"

【译文】君王召孔子去接待贵宾，孔子表情庄重，走路步伐加快，向两旁的人拱手作揖，衣裳前后飘动，却不乱。他快步向前走，宛若鸟儿张开双翅那样。贵宾走后，他一定向君王禀报说："宾客已走远了。"

①摈（bìn）：同"傧"，负责接待宾客的官员。
②勃如：心情兴奋紧张，表情庄重矜持。
③躩（jué）如：快步行走的样子。
④襜（chān）如：衣服飘动的样子。

四

入公门，鞠躬如也，如不容。立不中门，行不履阈[①]。过位，色勃如也，足躩如也，其言似不足者。摄齐升堂，鞠躬如也，屏气似不息者。出，降一等，逞颜色，怡怡如也。没阶。趋进，翼如也。复其位，踧踖如也。

【译文】孔子走进朝廷的门，一副恭敬而谨慎的样子，仿佛无容身之地。孔子站立，不站在门的中间，走步不踩门坎。走过君王的席位，孔子的表情变得恭敬而庄重，步伐加快，说话似乎底气不足。他提起衣服的下摆走向堂上时，变得谨慎小心，屏着气若不呼吸似的。他走出来，下一级台阶，表情放松，心情愉快。他下完了台阶，便加快步伐，仿佛鸟儿张开了双翅一样。他回到自己的位置上，还要表现出恭敬而不安的样子。

①履阈（yù）：踩门坎。

五

执圭，鞠躬如也，如不胜。上如揖，下如授。勃如战色，足蹜蹜[①]，如有循。享[②]礼，有容色。私觌[③]，愉愉如也。

【译文】孔子在出访邻国参加典礼时，带着圭，神情恭敬，看上去像举不动的样子。他向上举像是在作揖，放下来又如将圭交与别人。他表情庄重严肃，一副战战兢兢的样子，迈着细碎的步子，像在顺着地上的什么东西行走。献礼时孔子的神情与气色变得和乐了。私下同邻国的君臣会晤时，孔子一副高兴的样子。

①蹜（sù）蹜：细步快走的样子。

②享：献。

③觌（dí）：见面，会见。

六

君子不以绀緅[①]饰，红紫不以为亵服。当暑，袗絺绤[②]，必表而出之。缁衣，羔裘；素衣，麑裘；黄衣，狐裘。亵裘长，短右袂。必有寝衣。长一身有半。狐貉之厚以居。去丧，无所不佩。非帷裳，必杀[③]之。羔裘玄冠不以吊。吉月[④]，必朝服而朝。

【译文】君子不用深青透红与黑中透红的布做衣服的镶边，平常家里穿的便服不用红布与紫布来做。夏天，穿葛布或粗麻布做的单衣，外出时务必穿上外衣。黑罩衣配紫羔皮袍，白衣服配白鹿皮袍，黄衣服配黄色狐皮袍。平常在家穿的皮袄，比一般衣服长，右边的袖子要短些。睡觉时要着寝衣，为人身长的一倍半。冬天用的坐垫用厚狐貉皮做成，办完丧事，可以配上各种玉器装饰。凡不是上朝与祭祀时穿的礼服，一律裁去多余的布。吊丧时不穿黑色羔羊皮袍，不戴黑色礼帽。每月初一，必须穿上朝的礼服去朝拜君主。

①绀(gàn)緅(zōu)：绀，深青透红。緅，黑中透红。

②袗(zhěn)絺(chī)绤(xì)：袗，单衣。絺，细麻布，葛布。绤，粗麻布。

③杀：消除。制裁剪掉。

④吉月：农历每月的初一。

七

齐，必有明衣，布。齐必变食，居必迁坐。

【译文】斋戒时沐浴要穿干净的内衣，麻布做的即可。斋戒时必须改变平日的饮食，居处要从内室迁到外室。

八

食不厌精，脍不厌细。食饐[1]而餲[2]，鱼馁而肉败，不食。色恶，不食。臭恶，不食。失饪，不食。不时，不食。割不正，不食。不得其酱，不食。肉虽多，不使胜食气[3]。唯酒无量，不及乱。沽酒市脯，不食。不撤姜食，不多食。

【译文】粮食不厌舂得精，鱼、肉不厌切得细。食物放久了会变质；鱼、肉腐烂变质，不吃；食物变色，不吃；食物气味难闻，不吃；食物烹饪得不好，不吃；不是当时节令的食物，不吃；肉割得不合规格，不吃；调味剂配得不当，不吃。肉食虽多，但吃的量不得超过主食。唯有酒不限量，但不可喝醉。集市上买来的酒和肉干不吃。饭吃完了，但不去掉姜食，注意不要多吃。

①饐（yì）：食物放久变质。
②餲（ài）：食物放久变味。
③气：同“饩（xì）”。粮食。

九

祭于公，不宿肉，祭肉不出三日。出三日，不食之矣。

【译文】参加君王的祭祀，所分得的祭肉不可留着过夜；家中保存的祭肉也不得超过三天。祭肉过了三天，就不吃了。

十

食不语，寝不言。

【译文】吃饭时不说话，睡觉时不言语。

十一

虽疏食菜羹，必祭，必齐如也。

【译文】虽是粗糙的饭与菜汤，吃饭前也要祭奠先人，且心中要怀着斋戒般的敬意。

十二

席不正，不坐。

【译文】席子若摆放得不端正，则不坐。

十三

乡人饮酒，杖者出，斯出矣。

【译文】本乡人一起饮酒，待仪式完毕，等到老年人全部离席，自己方可离席。

十四

乡人傩，朝服而立于阼阶。

【译文】本乡人举行迎神驱鬼的仪式时，孔子总要穿上朝服，站在东面的台阶上，以迎送他乡来客。

十五

问人于他邦，再拜而送之。

【译文】孔子托他人向其他国家的朋友代问安好时，必定向所委托的人拜两次，而后再送别。

十六

康子馈药，拜而受之，曰："丘未达，不敢尝。"

【译文】季康子给孔子送药，孔子拜谢后接收了药，说："我对这药的功效不了解，还不敢尝用。"

十七

厩焚。子退朝，曰："伤人乎？"不问马。

【译文】孔子家的马厩起火烧毁了，孔子退朝回来，便问："烧伤人没有？"他并不问马是死是活。

十八

君赐食，必正席先尝之。君赐腥[①]，必熟而荐[②]之。君赐生，必畜之。侍食于君，君祭，先饭。

【译文】君王赐的食物，孔子一定要摆正席位，先尝一下。君王赐的生肉，一定煮熟了，先供奉祖先。君王赐的活物，一定将之饲养起来。陪同君王吃饭，君王祭祖时，自己吃饭先不吃菜。

①腥：生肉。

②荐：供奉，进献。

十九

疾，君视之，东首，加朝服，拖绅。

【译文】孔子患病，君王来探望。孔子面朝东躺着，以表欢迎，身上盖着朝服，拖着束腰的大带子。

二十

君命召，不俟驾行矣。

【译文】君王召见孔子，不等到备好马车，孔子就步行前往朝廷了。

二十一

入太庙，每事问。

【译文】孔子进了周公庙，对每件事都要询问查考一番。

二十二

朋友死，无所归，曰："于我殡。"

【译文】朋友死了，无人办丧事。孔子说："我来操办他的丧事吧。"

二十三

朋友之馈，虽车马，非祭肉，不拜。

【译文】朋友给孔子的馈赠物品，只要不是祭肉，即便是车马，孔子接收时也不拜。

二十四

寝不尸，居不客。

【译文】睡觉时不是直挺着身子，像个死人似的；在家时，也不像做客或接待客人那样。

二十五

见齐衰[①]者，虽狎，必变。见冕者与瞽者，虽亵，必以貌。凶服者式[②]之。式负版者。有盛馔，必变色而作[③]。迅雷风烈，必变。

【译文】孔子看到穿孝服的人，即便是自己的亲近，面部表情也必定严肃起来；看到戴礼帽的人与瞎子，即便平时很熟，也必定显得有礼貌。遇到送葬的人，即使是在车上，也得将身子微微向前俯在车前的横木上，以表同情。看见传递公文的人，即使在车上，也得表示敬意。在盛大的筵席上，一定要，站起来以表恭敬。遇到迅雷与大风，一定要改变神色，表示不安。

①齐(zī)衰(cuī)：孝服。　②式：同“轼”。
③作：起立。

二十六

升车，必正立执绥。车中，不内顾，不疾言，不亲指。

【译文】孔子上车，一定站得很端正，而后手拉扶手上车。孔子在车里不回头看，不急速说话，不用手指指划划。

二十七

色斯举矣，翔而后集。曰：“山梁雌雉，时哉时哉！”子路共[①]之，三嗅而作。

【译文】野鸡看见行人脸色不善，便飞向天空，盘旋一阵后停在树上。孔子见了说：“山梁上的这些雌野鸡真识时务啊！真识时务啊！”子路向那些野鸡拱了拱手，它们便长叫了几声，而后飞走了。

①共：同“拱”。拱手。

先进篇第十一

（共二十六章）

一

子曰："先进于礼乐，野人也；后进于礼乐，君子也。如用之，则吾从先进。"

【译文】孔子说："先学习礼乐而后取得官位的，是既无爵位又无俸禄的普通人；先有官位而后学习礼乐的是卿大夫的子弟。若由我选用人才的话，我就选先学习礼乐的人。"

二

子曰："从我于陈、蔡者，皆不及门也。"

【译文】孔子说："跟随我于陈、蔡两地饱受饥饿的人，现在都不在我的门下了。"

三

德行：颜渊、闵子骞、冉伯牛、仲弓；言语：宰我、子贡；政事：冉有、季路；文学：子游、子夏。

【译文】孔子的弟子中德行高的有颜渊、闵子骞、冉伯牛、仲弓；善于辞令的有宰我、子贡；善于处理政事的有冉有、季路；擅长诗书礼乐的有子游、子夏。

四

子曰："回也，非助我者也，于吾言无所不说。"

【译文】孔子说："颜回呀，他不是帮助我的人，我讲的话他没有不喜欢的。"

五

子曰："孝哉闵子骞！人不间[①]于其父母昆[②]弟之言。"

【译文】孔子说："闵子骞真重孝道啊！人们对其父母兄弟夸他的话没有任何可挑剔的。"

①间：挑剔。
②昆：兄。

六

南容三复白圭，孔子以其兄之子妻之。

【译文】南容反复朗诵《诗经》中有关白圭的诗句，以自我告诫要谨慎小心。孔子就将长兄的女儿嫁给了南容。

七

季康子问：“弟子孰为好学?”孔子对曰：“有颜回者好学，不幸短命死矣，今也则亡。”

【译文】季康子问道：“你的弟子中谁最为好学？”孔子回答说：“有个叫做颜回的弟子最为好学，不幸的是短命而亡。现在还没有一个弟子像他那样好学。”

八

颜渊死，颜路请子之车以为之椁①。子曰：“才、不才，亦各言其子也。鲤也死，有棺而无椁。吾不徒行以为之椁。以吾从大夫之后，不可徒行也。”

【译文】颜渊死后，其父颜路请求孔子将自己的车卖了，给颜渊买个椁。孔子说：“不管有才能还是无才能，也都是自己的儿子。我儿子鲤死了，有棺而无椁。我并没有为给儿子买椁而卖掉车，自己步行走。自我做了大夫之后，我是不可徒步而行的。”

---

①椁(guǒ)：棺材外面的套棺。

九

颜渊死，子曰："噫!天丧予，天丧予!"

【译文】颜渊死了，孔子说："唉，上天要我的命呀，上天要我的命呀！"

十

颜渊死，子哭之恸。从者曰："子恸矣!"曰："有恸乎?非夫人之为恸而谁为?"

【译文】颜渊死后，孔子痛哭一场。身边的弟子说："老师，您太悲伤啦！"孔子说："太悲伤了吗？我不为这个人悲伤，那为谁悲伤呀？"

十一

颜渊死，门人欲厚葬之，子曰："不可。"

门人厚葬之。子曰："回也视予犹父也，予不得视犹子也。非我也，夫二三子也。"

【译文】颜渊死后，孔子的弟子们想隆重安葬他，孔子说："不可以厚葬。"弟子们还是隆重地安葬了颜渊。孔子说："颜回啊！你将我视为父亲一样对待，我却没有将你视作我的儿子那样看待。这样隆重地安葬你，不是我的本意，而是弟子们决意要这样做呀！"

十二

季路问事鬼神，子曰："未能事人，焉能事鬼？"

曰："敢问死。"曰："未知生，焉知死？"

【译文】子路问如何侍奉鬼神，孔子说："未能侍奉人，又怎能侍奉鬼神呢？"子路又问："斗胆问一问，死是怎么回事？"孔子说："连生的事都弄不清，怎能懂得死的事呢？"

十三

闵子侍侧，訚訚如也；子路，行行[①]如也；冉有、子贡，侃侃如也。子乐。"若由[②]也，不得其死然。"

【译文】在孔子身边侍奉的闵子骞，一副和颜悦色的神态；子路一副刚毅的神情；冉有、子贡一副快乐温和的神情。孔子很高兴，却说："仲由这副样子，像是不得好死的样子。"

---

①行（hàng）行：形容性格刚强勇猛。

②由：仲由，即子路。

十四

鲁人为长府。闵子骞曰："仍旧贯，如之何？何必改作？"子曰："夫人不言，言必有中。"

【译文】鲁国的执政大臣要改建长府。闵子骞说："就照原来的样子又能怎么样？为何一定要改建呢？"孔子说："闵子骞平时不怎么爱说话，可一说话就说到点子上了。"

十五

子曰："由之瑟，奚为于丘之门？"门人不敬子路。子曰："由也升堂矣，未入于室也。"

【译文】孔子说："仲由弹瑟，为何到我这里弹呢？"弟子们听了，都不尊敬子路。孔子说："仲由的学问已经很厚实了，但尚未达到精深的程度。"

十六

子贡问："师与商也孰贤？"子曰："师也过，商也不及。"曰："然则师愈与？"子曰："过犹不及。"

【译文】子贡问："颛孙师与卜商，哪一个更有才德？"孔子说："颛孙师做事过头，卜商做事显得不足。"

子贡说："既如此，那么还是颛孙师更有才德了？"孔子说："过头与不足一个样，都欠佳。"

十七

季氏富于周公，而求也为之聚敛而附益之。子曰：“非吾徒也。小子鸣鼓而攻之可也。”

【译文】季氏比周王朝的周公还富有，可冉求还帮他搜刮更多的钱财。孔子说：“冉求已不是我的弟子了。弟子们，你们完全可以敲着鼓大造声势，抨击指责他。”

十八

柴也愚，参也鲁，师也辟，由也喭①。

【译文】高柴愚笨，曾参迟钝，颛孙师偏激，仲由鲁莽。

①喭(yàn)：鲁莽，粗鲁。

十九

子曰：“回也其庶①乎，屡空。赐不受命，而货殖焉，亿②则屡中。”

【译文】孔子说：“颜回的德行算是不错了，可他常常陷于贫困。端木赐未经许可去经商，囤积货物以取利，预测行情则屡屡猜中。

①庶：庶几，差不多。

②亿：同“臆”。预测，估计。

二十

子张问善人之道。子曰：“不践迹，亦不入于室。”

【译文】子张问有关善人的道理。孔子说：“善人不踩着前人的足迹走，道德的修养也就没有达到高深的程度。”

二十一

子曰："论笃是与[①]，君子者乎？色庄[②]者乎？"

【译文】孔子说："称赞说话诚实的人，不过，要区分此种人是确确实实的君子，还是表面上假装庄重严肃的人呢？"

①与：赞许。

②色庄：神色庄重。

二十二

子路问："闻斯行诸?"子曰："有父兄在，如之何其闻斯行之!"冉有问："闻斯行诸?"子曰："闻斯行之。"公西华曰："由也问'闻斯行诸'，子曰'有父兄在'；求[1]也问'闻斯行诸'，子曰'闻斯行之'。赤[2]也惑，敢问。"子曰："求也退，故进之；由也兼人[3]，故退之。"

【译文】子路问："听到了就去做，对不对？"孔子说："上面还有父兄，怎么能听到就去做呢？"冉有问："听到了就去做，对不对？"孔子说："听到就去做。"公西华说："仲由问'听到就去做，对不对'，您说'上面还有父兄'；冉有问'听到了就去做，对不对'，您说'听到就去做'。我感到迷惑不解，大胆问一下。"孔子说："冉求做事退缩，故而我鼓励他向前；仲由胆大，敢于作为，故而我拉他后腿。"

①求：即冉有。

②赤：即公西华。

③兼人：一个人能顶两个人。指敢作敢为。

二十三

子畏[1]于匡，颜渊后。子曰："吾以女为死矣。"曰："子在，回何敢死?"

【译文】孔子于匡被拘禁，颜渊最后才赶到。孔子说："我以为你死了。"颜渊说："您还活着，颜回怎么敢死呢？"

①畏：畏惧，有戒心。指孔子在匡这个地方，因被人误认为是阳虎而受到围困。

二十四

季子然问："仲由、冉求可谓大臣与？"子曰："吾以子为异之问，曾由与求之问。所谓大臣者，以道事君，不可则止。今由与求也，可谓具[1]臣矣。"曰："然则从之者与？"子曰："弑父与君，亦不从也。"

【译文】季子然问："仲由与冉求能否称得上大臣呢？"孔子说："我以为你问的是别人，原来你问的竟是仲由和冉求。所谓大臣，应以道侍奉君王。做不到，则辞职。现在仲由和冉求二人，可以说是具备了这个才能。"季子然又问："既如此，那他二人能听季氏的话吗？"孔子说："若是让他们杀死父母、君王，那他们也是不会听从的。"

①具：才具，才能。

二十五

子路使子羔为费宰。子曰："贼夫人之子。"

子路曰："有民人焉，有社稷焉，何必读书，然后为学？"

子曰："是故恶夫佞者。"

【译文】子路让子羔去费那个地方做官。孔子说："这是坑害人家的儿子呀。"子路说："费那个地方有百姓，有土地与谷物，何必一定要读书而后做学问呢？"孔子说："所以我讨厌巧言善辩的人。"

二十六

子路、曾皙、冉有、公西华侍坐。

子曰："以吾一日长乎尔，毋吾以也。居则曰：'不吾知也！'如或知尔，则何以哉？"

子路率尔而对曰："千乘之国，摄乎大国之间，加之以师旅，因之以饥馑；由也为之，比及三年，可使有勇，且知方[①]也。"

夫子哂[②]之。

"求，尔何如？"

对曰："方六七十，如五六十，求也为之，比及三年，可使足民。如其礼乐，以俟君子。"

"赤，尔何如？"

对曰："非曰能之，愿学焉。宗庙之事，如会同，端章甫，愿为小相焉。"

"点，尔何如？"

鼓瑟希，铿尔，舍瑟而作，对曰："异乎三子者之撰。"

子曰："何伤乎？亦各言其志也。"

曰："莫[3]春者，春服既成，冠者五六人，童子六七人，浴乎沂，风乎舞雩[4]，咏而归。"

夫子喟然叹曰："吾与点也！"

三子者出，曾皙后。曾皙曰："夫三子者之言何如？"

子曰："亦各言其志也已矣。"

曰："夫子何哂由也？"

曰："为国以礼，其言不让，是故哂之。"

"唯求则非邦也与？"

"安见方六七十如五六十而非邦也者？"

"唯赤则非邦也与？"

"宗庙会同，非诸侯而何？赤也为之小，孰能为之大？"

【译文】子路、曾皙、冉有、公西华四人陪孔子坐着。

孔子说："因我比你们年高，你们不必顾虑不敢说真话。你们平常说：'没有人了解我呀！'如果有人了解你们并打算任用你们，那你们怎么办呢？"

子路轻率直爽地答道："如果有一个千乘之国，夹在几个大国之间，外有强敌侵扰，国内饥荒连年，若让我去治理，三年之内，必让那里的百姓既有勇气，又知道遵守礼义。"

孔子对子路面带讥笑。

孔子问："冉求，你如何？"

冉求答道："方圆六七十里或五六十里的小国，要我去治理的话，三年之内，可让那里的百姓丰衣足食。说到那个国家礼乐教化的程度，那就得等真正的君子去办理了。"

孔子又问："公西赤，你如何？"

公西赤答道："我不能说自己有什么本事，只是愿意学习罢了。祭祀时或诸侯会盟时，我穿着礼服，捧着玄端，戴着章甫礼帽，做一个主持赞礼与司仪的小官。"

孔子又问："曾点，你如何？"

此时曾皙弹瑟已近尾声，他铿的一声将瑟放下，站起来答道："我的志向与他们三位不同。"

孔子说："那有何妨碍？只是每人说说自己的志向而已。"

曾皙便说："暮春三月，春服在身，邀上五六个成人、六七个小孩，在沂水边洗脸洗手，在舞雩迎风吹一吹，而后唱着歌回来。"

孔子长叹一声，说："我赞赏曾点的想法！"

子路、冉有、公西华三人走了出去，曾皙最后离开。曾皙问道："他们三位的话如何？"

孔子说："只不过是每人说了说自己的志向罢了。"

曾皙问："那您为什么笑仲由呢？"

孔子说："治理国家要讲求礼让，而仲由的话一点也不谦让，故此我笑他。"

曾皙又问："冉求谈的不是邦家之事吗？"

孔子说："哪有方圆六七十里或五六十里的地盘能算上一个国家的呢？"

曾皙问："公西赤谈的不是邦家之事吗？"

孔子说："设有祭祀的宗庙，又有诸侯间的会盟，不是诸侯国又是什么呢？公西赤若只想当主持赞礼与司仪的小官，那么，主持赞礼与司仪的大官由谁来当呢？"

---

①知方：指懂得道义，遵守礼义。
②哂(shěn)：微笑，讥笑。
③莫：同"暮"。
④舞雩(yú)：雩，求雨的祭坛。因为人们求雨要跳舞，所以称为"舞雩"。

颜渊篇第十二

（共二十四章）

一

颜渊问仁，子曰："克己复礼为仁。一日克己复礼，天下归仁焉。为仁由己，而由人乎哉？"

颜渊曰："请问其目[①]。"子曰："非礼勿视，非礼勿听，非礼勿言，非礼勿动。"

颜渊曰："回虽不敏，请事斯语矣。"

【译文】颜渊问何为仁，孔子说："约束克制自己，要让自己的言行符合礼，这就是仁。一旦克己复礼，天下无处不是仁。要实行仁，全在于自己，哪能由他人来决定呢？"

颜渊说："请问实现仁的具体规定是什么？"孔子说："不符合礼的任何东西不看，不符合礼的任何话不听，不符合礼的任何话不说，不符合礼的任何事不做。"

颜渊说："颜回我虽然不聪敏，但也要实践老师的这番话。"

①目：纲目，具体要点。

二

仲弓问仁，子曰："出门如见大宾，使民如承大祭。己所不欲，勿施于人。在邦无怨，在家无怨。"仲弓曰："雍虽不敏，请事斯语矣。"

【译文】仲弓问何为仁，孔子说："出门要像去会见贵宾一样庄重，使唤百姓要像承办大祭典一样严肃认真。自己所不喜欢的，切勿强加给他人。诸侯国中无人怨恨自己，在诸侯分封给卿、大夫的采邑中也无人怨恨自己。"

仲弓说："冉雍我虽然不才，但也要实践老师的这番话。"

三

司马牛[1]问仁，子曰："仁者，其言也讱[2]。"

曰："其言也讱，斯谓之仁已乎？"子曰："为之难，言之得无讱乎？"

【译文】司马牛问何为仁，孔子说："仁人说话小心谨慎。"

司马牛说："说话小心谨慎就是仁吗？"孔子说："做事难，说话怎能不谨慎呢？"

①司马牛：孔子的弟子。

②讱(rèn)：言语迟钝。引申为说话谨慎。

四

司马牛问君子，子曰："君子不忧不惧。"

曰："不忧不惧，斯谓之君子已乎？"子曰："内省不疚，夫何忧何惧？"

【译文】司马牛问何为君子，孔子说："君子不忧愁，不惧怕。"

司马牛说："不忧愁、不惧怕，就是君子了吗？"孔子说："自己反省检查，问心无愧，那还有什么可忧愁惧怕的呢？"

五

司马牛忧曰："人皆有兄弟，我独亡。"子夏曰："商闻之矣：'死生有命，富贵在天'。君子敬而无失，与人恭而有礼。四海之内，皆兄弟也。君子何患乎无兄弟也？"

【译文】司马牛忧伤地说："别人都有兄弟，惟独我没有。"子夏说："卜商我听说：'死与生都是命运注定，富贵由上天决定。'君子做事严肃认真，没有失误，对别人既恭敬又有礼。这样做就行了。那天下到处都有你的兄弟了。作为君子，还愁没有兄弟吗？"

六

子张问明，子曰："浸润之谮[①]，肤受之愬不行焉，可谓明也已矣。浸润之谮，肤受之愬，不行焉，可谓远也已矣。"

【译文】子张问何为明事理，孔子说："若水一般逐渐浸润的诬陷之词，切实遭受的诬告，在你那里都不予理睬，那就可以说你明事理了。若水一般逐渐浸润的诬陷之词，切实遭受的诬告，在你那里都不予理睬，那就可以说你看得远了。"

①谮（zèn）：谗言。

七

子贡问政，子曰："足食，足兵，民信之矣。"

子贡曰："必不得已而去，于斯三者何先？"曰："去兵。"

子贡曰："必不得已而去，于斯二者何先？"曰："去食。自古皆有死，民无信不立。"

【译文】子贡问如何处理政务，孔子说："要使粮食充足，军队装备与军粮充足，百姓对国家信任。"

子贡说："假若迫不得已，在粮食、军队装备和百姓对国家的信任这三者中去掉一项，那么先去掉哪一项呢？"孔子说："去掉军队装备这一项。"

子贡说："假若迫不得已，在粮食与百姓对国家的信任这两项中去掉一项，那么先去掉哪一项呢？"孔子说："先去掉粮食这一项。自古以来没有不死的人，假若百姓对国家失去信任，那国家就无法支撑下去了。"

八

棘子成[①]曰："君子质而已矣，何以文为？"子贡曰："惜乎，夫子之说，君子也！驷不及舌。文犹质也，质犹文也。虎豹之鞟[②]，犹犬羊之鞟。"

【译文】棘子成说："君子只要诚实就行了，要礼乐有何用？"子贡说："真遗憾啊，先生您竟这样来谈及君子！您方才口中的失言，即使四匹马也追不回来啦！礼乐就像诚实，诚实就像礼乐，二者都同样重要。这正如去了毛的虎豹皮与去了毛的犬羊皮一个样一样。"

①棘子成：卫国的大夫。

②鞟(kuò)：同"鞹"。去掉了毛的兽皮。

九

哀公问于有若[①]曰："年饥，用不足，如之何？"有若对曰："盍[②]彻[③]乎？"曰："二，吾犹不足，如之何其彻也？"

对曰："百姓足，君孰与不足？百姓不足，君孰与足？"

【译文】鲁哀公问有若："如若遇到饥荒，国家经费不足，如何办是好？"有若说："为何不实行十成抽一的田税制呢？"鲁哀公说："十成抽二，我都感到不足，怎么能实行十成抽一的田税制呢？"

有若说："百姓吃穿花用充足了，您能不足吗？百姓若吃穿花用不足，您怎么能有充足的费用呢？"

---

①有若：即有子。

②盍(hé)：何不。

③彻：西周的一种田税制度，就是从耕地的收获中抽取十分之一当作田税。

十

子张问崇德、辨惑，子曰：“主忠信。徙义，崇德也。爱之欲其生，恶之欲其死。既欲其生，又欲其死，是惑也。‘诚不以富，亦只以异。’”

【译文】子张问有关崇尚德行、辨别是非之问题，孔子说：“主张忠实信用，追随义，即为崇尚德行了。喜欢一个人，希望他长寿；对此人厌恶时，又希望他马上死掉。既希望他长寿，又恨不得马上要他死，此乃是非不辨了。《诗经》中说，‘实在不是因为富有不富有，而只因为见异思迁’。”

十一

齐景公问政于孔子，孔子对曰：“君君，臣臣，父父，子子。”公曰：“善哉!信如君不君，臣不臣，父不父，子不子，虽有粟，吾得而食诸?”

【译文】齐景公向孔子问有关治理国家的事，孔子说：“君王要像个做君王的，臣子要像个做臣子的，父亲要像个做父亲的，儿子要像个做儿子的。”齐景公说：“好极啦！假如君王不像个做君王的，臣子不像个做臣子的，父亲不像个做父亲的，儿子不像个做儿子的，即便粮食很多，我能吃得到吗？”

十二

子曰："片言可以折[1]狱者，其由也与!"子路无宿诺。

【译文】孔子说："仅依据单方面的说法就可以断案的，大概只有仲由吧！"子路履行诺言从不拖延。

①折：判断

十三

子曰："听讼，吾犹人也，必也使无讼乎!"

【译文】孔子说："审理诉讼案件，我同别人一样，必定是使诉讼之事一个也没有才好啊！"

十四

子张问政，子曰："居之无倦，行之以忠。"

【译文】子张问如何从政，孔子说："身居官位，不懈怠，不厌倦；实行政令须忠心不渝。"

十五

子曰："博学于文，约之以礼，亦可以弗畔矣夫！"

【译文】孔子说："学习广博的知识学问，以礼来约束自己的言行，这样就可以不违背君子之道了。"

十六

子曰："君子成人之美，不成人之恶；小人反是。"

【译文】孔子说："君子成全他人的好事，而不成全他人的坏事；小人则恰恰相反。"

十七

季康子问政于孔子，孔子对曰："政者，正也。子帅以正，孰敢不正？"

【译文】季康子向孔子请教政事，孔子说："'政'这个字即正直之意。您自己带头正直了，谁敢不正直呢？"

十八

季康子患盗，问于孔子。孔子对曰："苟子之不欲，虽赏之，不窃。"

【译文】季康子对盗贼的猖獗甚为忧患，于是向孔子请教有何办法。孔子回答说："假如你自己不贪求钱财，即便给他们奖赏，让他们去偷盗，他们也不会去偷盗的。"

十九

季康子问政于孔子曰："如杀无道，以就有道，何如？"孔子对曰："子为政，焉用杀？子欲善，而民善矣。君子之德风，小人之德草。草上之风，必偃[①]。"

【译文】季康子向孔子请教政事，说："杀死无道的坏人以成就有道的好人，怎么样呢？"孔子回答说："你治理政事，哪用杀人呢？只要你想从善，将国家治理好，天下百姓就会从善。君子的德行若风一般，百姓的德行若草一样，风从草上掠过，吹向哪边，草就随着倒向哪边。"

①偃（yǎn）：扑倒，倒下。

二十

子张问："士何如斯可谓之达矣？"子曰："何哉，尔所谓达者？"子张对曰："在邦必闻，在家必闻。"子曰："是闻也，非达也。夫达也者，质直而好义，察言而观色，虑以下人。在邦必达，在家必达。夫闻也者，色取仁而行违，居之不疑。在邦必闻，在家必闻。

【译文】子张问："读书人如何做才能显达呢？"孔子说："你所说的显达是指什么？"子张说："所谓显达，就是指在诸侯国名气必定远扬在外，在卿、大夫的采邑名气也必定在外。"孔子说："这是有名气，却不是显达。所谓显达，即指质朴而正直，喜爱道义，善于观察对方言语、脸色。以揣摩对方的心意，情愿甘居人下，以示谦恭。此种人在诸侯国必定显达，在卿、大夫的采邑必定显达。谈到名气，外表上看具有仁德，可行为举止却与仁德相违，自己以仁人自居却丝毫不加怀疑。此种人在诸侯国必定骗取名气，在卿、大夫的采邑也能骗取名气。"

二十一

樊迟从游于舞雩之下，曰："敢问崇德，修慝[1]，辨惑。"子曰："善哉问！先事后得，非崇德与？攻其恶，无攻人之恶，非修慝与？一朝之忿，忘其身，以及其亲，非惑与？"

【译文】樊迟随孔子出游于舞雩台下，问孔子："斗胆问一下，如何增强道德，消除邪念，辨清迷惑？"孔子说："问得好极啦！干事在前，得利在后，这不是增强道德吗？指责自己的错事坏事，而不去指责他人的错事坏事，这不就是消除邪念吗？不忍一时的气愤，竟忘了自己的安危，甚而祸及亲人，这不是迷惑吗？"

①慝（tè）：邪恶的念头，罪恶。

二十二

樊迟问仁。子曰："爱人。"问知，子曰："知人。"

樊迟未达。子曰："举直错诸枉，能使枉者直。"

樊迟退，见子夏曰："乡[1]也，吾见于夫子而问知，子曰：'举直错诸枉，能使枉者直，'何谓也？"

子夏曰："富哉言乎！舜有天下，选于众，举皋陶[2]，不仁者远矣。汤有天下，选于众，举伊尹，不仁者远矣。"

【译文】樊迟问何为仁，孔子说："爱人。"樊迟又问何为智，孔子说："善于鉴别人的好坏。"

樊迟没有想通这番话。孔子便说："把正直的人提拔出来，使他们的地位在邪恶的人之上，这就能使邪恶的人正直起来。"

樊迟退出来，见到子夏说："刚才我见到老师，问什么是智，老师说：'提拔那些正直的人并使他们在邪恶的人之上，这就能使邪恶的人正直起来。'这话是什么意思？"

子夏说："这是含义多么深刻的话啊！舜有了天下，在众人中挑选了一个皋陶来任用，那些不仁的人也就远离了。汤有了天下，在众人中挑选了一个伊尹来任用，那些不仁的人也就远离了。"

①乡：通"向"。从前，刚才。

①皋(gāo)陶(yáo)：舜的臣子。

二十三

子贡问友。子曰："忠告而善道之，不可则止，毋自辱焉。"

【译文】子贡问如何交友，孔子说："给朋友以忠告，很好地引导他，他若不听从，则停止忠告与引导，切勿自寻侮辱。"

二十四

曾子曰："君子以文会友，以友辅仁。"

【译文】曾子说："君子凭文章与学识来结交朋友，靠与朋友的交往来辅助仁德的确立。"

子路篇第十三

（共三十章）

一

子路问政，子曰："先之劳之。"请益。曰："无倦。"

【译文】子路问如何处理政事，孔子说："自己先带头做出样子，而后让百姓踏实劳作。"子路请求孔子再讲充实一些，孔子说："不倦怠就行了。"

二

仲弓为季氏宰，问政，子曰："先有司，赦小过，举贤才。"曰："焉知贤才而举之？"曰："举尔所知，尔所不知，人其舍诸？"

【译文】仲弓做季氏的家臣，他向孔子请教管理方面的政事，孔子说："教育手下的人，宽恕别人的小过失，荐举有才德的人。"仲弓说："怎能知道谁是有才德的人进而荐举他呢？"孔子说："荐举你所了解的人，而那些你不了解的人，莫非别人就把他们给舍弃了？"

三

子路曰："卫君待子而为政，子将奚先？"

子曰："必也正名乎！"

子路曰："有是哉，子之迂也！奚其正？"

子曰："野哉，由也！君子于其所不知，盖阙如也。名不正，则言不顺；言不顺，则事不成；事不成，则礼乐不兴；礼乐不兴，则刑罚不中；刑罚不中，则民无所错[①]手足。故君子名之必可言也，言之必可行也。君子于其言，无所苟而已矣。"

【译文】子路说："卫君等待老师您去处理政事，您准备从何做起？"

孔子说："必须先正名啊！"

子路说："有这个必要吗？您怎么迂腐到这种地步啊！为何要去正名呢？"

孔子说："仲由啊，你真粗野！君子对自己所不懂的事，大约都取存疑的态度。名分若不正，那么说话就不顺畅；说话不顺畅，事办起来就难以成功；事情不成功，礼乐制度就无法兴起；礼乐制度无法兴起，刑罚就不会得当；刑罚不得当，百姓就会手足失措。故而，君子所确定的名分，一定要能够说清楚，说清楚了一定要行得通。君子对自己说过的每句话，不能有一点马虎啊。"

---

①错：同"措"。放置，安排，处置。

四

樊迟请学稼，子曰："吾不如老农。"请学为圃，曰："吾不如老圃。"

樊迟出。子曰："小人哉，樊须也！上好礼，则民莫敢不敬；上好义，则民莫敢不服；上好信，则民莫敢不用情。夫如是，则四方之民襁[①]负其子而至矣，焉用稼？"

【译文】樊迟向孔子请教种庄稼的事，孔子说："我不如老农。"樊迟又请教种菜的事，孔子说："我不如老菜农。"樊迟退出。

孔子说："樊迟真是个小人物啊！当权者若奉行礼，百姓无人敢不尊敬；当权者若实行义，百姓无人敢不驯服；当权者若讲信用，百姓无人敢不讲真话。若如此，天下百姓会背着他们的幼小儿女来投奔，还用得着自己去种庄稼？"

①襁（qiǎng）：背婴儿的背带、布兜。

五

子曰："诵《诗》三百，授之以政，不达；使于四方，不能专对；虽多，亦奚以为？"

【译文】孔子说："熟读了《诗经》三百篇，让他去处理政务，他却办不通；让他出使外国，他又不能独立应对，他书读得再多，又有何用处呢？"

六

子曰："其身正，不令而行；其身不正，虽令不从。"

【译文】孔子说："当权者本人行为正派，品格高尚，带头守法，即使不下达命令，百姓也会心甘情愿执行；当权者本人行为卑劣，人格极坏，践踏法律，即使下达命令，百姓也千方百计抵制，不予服从。"

七

子曰："鲁、卫之政，兄弟也。"

【译文】孔子说："鲁国与卫国的政事，如若兄弟一样。"

八

子谓卫公子荆："善居室，始有，曰：'苟合矣。'少有，曰：'苟完矣。'富有，曰：'苟美矣。'"

【译文】孔子谈到卫国的公子荆时，说："他善于持家过日子。刚开始有财物时，他说：'将就一下足够了。'财物稍多一些时，他说：'差不多完备了。'财物多起来时，他说：'差不多完美了。'"

九

子适卫，冉有仆。子曰："庶矣哉！"冉有曰："既庶矣，又何加焉？"曰："富之。"曰："既富矣，又何加焉？"曰："教之。"

【译文】孔子到卫国去，冉有给他驾车。孔子说："卫国的人真多呀！"冉有说："人多了，又该做什么呢？"孔子说："要让他们富裕。"冉有又说："富裕之后，又该做什么呢？"孔子说："要让他们受教育。"

十

子曰："苟有用我者，期月[1]而已可也，三年有成。"

【译文】孔子说："假若有人用我来治理国家，一年的工夫就差不多了，三年便可大见成效。"

①期(jī)月：周一年十二个月，即一周年。期，周。

十一

子曰："'善人为邦百年，亦可以胜残去杀矣。'诚哉是言也！"

【译文】孔子说："'善人治理国家一百年，就可以战胜残暴，避免杀戮了。'这句话的确正确呀！"

十二

子曰："如有王者，必世[1]而后仁。"

【译文】孔子说："纵然有一位贤明的君王出现，也得在三十年后方能实现仁政。"

①世：三十年为一世。

十三

子曰："苟正其身矣，于从政乎何有?不能正其身，如正人何?"

【译文】孔子说："假若能使自己行为正派，品格高尚，带头守法，那么，处理政事又能有何困难呢？如若不能使自己行为正派，品格高尚，又践踏法律，那又怎能使他人行为正派，品格高尚，严守法律呢？"

十四

冉子退朝。子曰："何晏也?"对曰："有政。"子曰："其事也。如有政，虽不吾以[①]，吾其与闻之。"

【译文】冉有从季氏府退朝回来。孔子问："为何回来得这么晚？"冉有回答说："有政事商讨。"孔子说："是季氏的私事吧？如有政事，就是现在没任用我，我也会听说的。"

---

①吾以：用我。以，用。

十五

定公问："一言而可以兴邦，有诸?"

孔子对曰："言不可以若是，其几也。人之言曰：'为君难，为臣不易。'如知为君之难也，不几乎一言而兴邦乎?"

曰："一言而丧邦，有诸?"孔子对曰："言不可以若是，其几也。人之言曰'予无乐乎为君，唯其言而莫予违也。'如其善而莫之违也，不亦善乎?如不善而莫之违也，不几乎一言而丧邦乎?"

【译文】定公问："一句话就可以使国家兴旺，有这种事吗？"

孔子回答说："这话倒是不能这么说，不过，也有同这句话意思差不多的话。有的人说：'做君王难，做臣子也不容易。'如若知道做君王难，就会当回事，按照做君王的要求切实去处理朝廷内外与天下的大事。这样做也就是几乎一句话就可以使国家兴旺了嘛！"

定公又问："一句话就可以使国家灭亡，有这种事吗？"

孔子回答说："这话倒是不能这么说，不过，也有同这句话意思差不多的话。有的人说：'我做君王并没有感受到什么快乐，惟有一点，那就是我说任何话都没人敢违抗。'如若他的话正确，而没人违抗，这不是好事吗？如若他的话不正确，而又没人敢违抗，这不就几乎是一句话就可以使国家灭亡吗？"

十六

叶公问政，子曰："近者说，远者来。"

【译文】叶公问如何治理政事，孔子说："让离你近的人高兴，让离你远的人都来投奔你。"

十七

子夏为莒父宰，问政。子曰："无欲速，无见小利。欲速则不达；见小利则大事不成。"

【译文】子夏做了莒父这个地方的官，他问如何处理政事，孔子说："不要一味求快，不要贪小利。急于求快，反而达不到目的；贪求小利，则做不成大事。"

十八

叶公语孔子曰："吾党有直躬者，其父攘①羊，而子证之。"孔子曰："吾党之直者异于是，父为子隐，子为父隐，直在其中矣。"

【译文】叶公告诉孔子说："我们那个地方有个坦言直爽的人，其父偷了别人的羊，他出来告发。"孔子说："我们那个地方坦言直爽的人同你们那里的不一样：父亲隐瞒儿子的坏事，儿子隐瞒父亲的坏事。我们那里的坦言直爽就全在这里了。"

①攘(rǎng)：偷，窃，抢。

十九

樊迟问仁。子曰："居处恭，执事敬，与人忠。虽之夷狄[①]，不可弃也。"

【译文】樊迟问何为仁，孔子说："平时在家庄重而恭敬，办事认真严肃，对待他人诚实。即便到了少数民族国家，也不可背弃以上所说仁的内涵。"

①夷狄：古代对东方与北方的少数民族的称呼。

二十

子贡问曰："何如斯可谓之士矣？"子曰："行己有耻，使于四方，不辱君命，可谓士矣。"曰："敢问其次。"曰："宗族称孝焉，乡党称弟焉。"曰："敢问其次。"曰："言必信，行必果，硁硁[①]然小人哉！抑亦可以为次矣。"曰："今之从政者何如？"子曰："噫！斗筲[②]之人，何足算也！"

【译文】子贡问道："如何做才算得上士？"孔子说："衡量自己的行为能有羞耻之感，出使外国，能圆满完成君王交给的使命。这样就可称作士了。"子贡又问："斗胆问一下，次一等是什么？"孔子说："宗族称赞他孝顺父母，家乡的人称赞他尊敬兄长。"子贡又问："斗胆问一下，再次一等是什么？"孔子说："说话必须讲信用，办事必须果断。此为浅见固执的小人啊，不过，也可算是再次一等的士了。"子贡问："现在执政的人怎么样呢？"孔子说："唉！这些见识浅薄、肚量狭小的人，哪能谈得上是士呢！"

①硁(kēng)硁：形容固执浅薄。

②斗筲(shāo)：形容见识短浅，器量狭小。

二十一

子曰：“不得中行[①]而与之，必也狂狷乎！狂者进取，狷者有所不为也。”

【译文】孔子说：“发现不了符合中庸之道的人与自己交往，就必然结交言行激进的人与正直无邪的人。激进的人追求进取，正直无邪的人不干恶事坏事。”

①中行：合乎中庸之道的言行。

二十二

子曰：“南人有言曰：‘人而无恒，不可以作巫医。’善夫！”“不恒其德，或承之羞。”子曰：“不占而已矣。”

【译文】孔子说：“南方人有句话说：‘人若没有恒心，不可做巫医。’此话说得多好啊！”《易经》上说：“不坚守自己的德行，就必然承受耻辱。”孔子说：“这就是要那些无恒心的不要去占卜了。”

二十三

子曰："君子和而不同，小人同而不和。"

【译文】孔子说："君子彼此能融洽而和谐相处，却不人云亦云，苟同对方的见解；小人则人云亦云，轻易附和他人，却彼此无法融洽而和谐相处。"

二十四

子贡问曰："乡人皆好之，何如？"子曰："未可也。""乡人皆恶之，何如？"子曰："未可也。不如乡人之善者好之，其不善者恶之。"

【译文】子贡问道："乡村所有的人都喜欢的人，您觉得这人如何？"孔子说："还不是最好的人。"子贡又问道："乡村所有的人都讨厌的人，您觉得这人如何？"孔子说："还不是最坏的人。最好的人是乡村所有好人都喜欢的人，也是乡村所有坏人憎恶的人。"

二十五

子曰："君子易事而难说也。说之不以道，不说也。及其使人也，器之。小人难事而易说也。说之虽不以道，说也。及其使人也，求备焉。"

【译文】孔子说："君子做事容易，而让他高兴是件难事。不经过正当的途径让他高兴，他是不会高兴的。待到他使用人的时候，他则会量才用人。小人做事难，而讨他高兴却容易。不经过正当的途径让他高兴，他也会高兴；待到他使用人的时候，他会求全责备。"

二十六

子曰："君子泰而不骄，小人骄而不泰。"

【译文】孔子说："君子泰然处事接物，不骄傲自大；小人骄傲自大，却不能泰然处事接物。"

二十七

子曰："刚、毅、木、讷，近仁。"

【译文】孔子说："刚强、坚毅、质朴、说话谨慎，这四点已接近于仁。"

二十八

子路问曰："何如斯可谓之士矣?"子曰："切切偲偲[1]，怡怡如也，可谓士矣。朋友切切偲偲，兄弟怡怡。"

【译文】子路问道："如何做才能称得上士呢？"孔子说："相互批评勉励却又和睦相处，就可以称作士了。朋友间相互批评勉励，又和气共处。兄弟之间和和气气。"

---

①切切偲(sī)偲：互相勉励督促，和睦相处。

二十九

子曰："善人教民七年，亦可以即戎矣。"

【译文】孔子说："善人教育训练百姓七年，也可以让他们当兵打仗了。"

三十

子曰："以不教民战，是谓弃之。"

【译文】孔子说："让未经过训练的百姓去打仗，可以说是将他们弃之不顾，让他们去送死。"

宪问篇第十四

（共四十四章）

一

宪问耻。子曰：“邦有道，谷；邦无道，谷，耻也。”

“克、伐、怨、欲，不行焉，可以为仁矣？”子曰：“可以为难矣，仁则吾不知也。”

【译文】原宪问何为耻辱，孔子说：“国家有道，做官的应领取俸禄；国家无道，做官的也领取俸禄，此为耻辱。”原宪又问道：“好胜、夸耀、怨恨与贪欲这四种恶习都没有，可以算得上仁吗？”孔子说：“可以算得上难能可贵了，至于算得上仁嘛，我也就不知道了。”

二

子曰：“士而怀居，不足以为士矣。”

【译文】孔子说：“读书人若留恋舒适的家庭生活，就不足以称作读书人了。”

三

子曰：“邦有道，危[①]言危行；邦无道，危行言孙。”

【译文】孔子说：“国家有道，则言语与行为都正直；国家无道，则行为正直，言语谦逊。”

①危：正直。

四

子曰："有德者必有言，有言者不必有德。仁者必有勇，勇者不必有仁。"

【译文】孔子说："有道德的人必定有好言论，有好言论的人不一定就有道德。仁人必定勇敢，勇敢的人不一定仁德。"

五

南宫适[①]问孔子曰："羿善射，奡[②]荡舟，俱不得其死然。禹、稷躬稼而有天下。"夫子不答。南宫适出，子曰："君子哉若人！尚德哉若人！"

【译文】南宫适问孔子："羿善于射箭，奡善于水战，但都没得好死。禹和稷亲自种庄稼，二人都得到了天下。"孔子没有作答。南宫适退去后，孔子说："这个人真的是个君子呀！这个人是个崇尚道德的人！"

①南宫适(kuò)：孔子学生南容。
②奡(ào)：寒浞的儿子，是个大力士。

六

子曰："君子而不仁者有矣夫，未有小人而仁者也。"

【译文】孔子说："君子中有不仁义的人，而没有小人却讲仁义的。"

七

子曰："爱之，能勿劳乎?忠焉，能勿诲乎?"

【译文】孔子说："爱他，能不让他劳苦吗？忠于他，能不教诲他吗？"

八

子曰："为命，裨谌[①]草创之，世叔[②]讨论之，行人子羽[③]修饰之，东里子产[④]润色之。"

【译文】孔子说："郑国制定外交政策，由裨谌起草，世叔提出意见，而后经外交官子羽修改，最后由子产作文字上的修润。"

①②③④裨谌、世叔、子羽、子产：均为郑国大夫。

九

或问子产。子曰："惠人也。"问子西。曰："彼哉！彼哉！"问管仲。曰："人也。夺伯氏骈邑三百，饭疏食，没齿无怨言。"

【译文】有人问子产是什么样的人，孔子说："他是位惠爱于民的人。"又问子西是什么样的人，孔子说："他呀！他呀！"又问管仲是什么样的人，孔子说："他是人才呀！他剥夺了伯氏骈邑三百户的封地，使伯氏终生吃粗粮，可伯氏直到死也没有怨言。"

十

子曰："贫而无怨难，富而无骄易。"

【译文】孔子说："贫穷时无怨言，这很难办到；富贵时不骄傲，这容易做到。"

十一

子曰："孟公绰为赵、魏老[①]则优，不可以为滕、薛大夫。"

【译文】孔子说："让孟公绰做晋国大夫赵氏、魏氏的家臣，那他的能力绰绰有余，但不可让他做滕国与薛国等小国大夫。"

---

①老：古代对大夫家臣之长的尊称，也称为"室老"。

十二

子路问成人。子曰："若臧武仲之知，公绰之不欲，卞庄子之勇，冉求之艺，文之以礼乐，亦可以为成人矣。"曰："今之成人者何必然?见利思义，见危授命，久要不忘平生之言，亦可以为成人矣。"

【译文】子路问如何才算完美的人，孔子说："若能像臧武仲那样聪慧过人，像孟公绰那样寡欲，像卞庄子那样勇敢无畏，像冉求那样多才多艺，再加上用礼乐熏陶出的文采，那么，也就可以成为完美的人了。"又说："当今完美的人何必一定要这样呢？只要做到见到利益就能想到义，遇到危险能献出生命，长期贫穷而不忘平生的诺言，也就可以算是完美的人了。"

十三

子问公叔文子于公明贾曰："信乎？夫子不言、不笑、不取乎？"公明贾对曰："以告者过也。夫子时然后言，人不厌其言；乐然后笑，人不厌其笑；义然后取，人不厌其取。"

子曰："其然？岂其然乎？"

【译文】孔子向公明贾问到公叔文子说："他老人家不说、不笑、不取，是真的吗？"公明贾回答说："告诉你的人说得过分了。他老人家该说话时才说，故此，别人不讨厌他说的话；高兴了才笑，故此，别人不讨厌他的笑；该取的时候才取，故此，别人不讨厌他取。"

孔子说："是这样吗？难道真的是这样吗？"

十四

子曰："臧武仲以防求为后于鲁，虽曰不要①君，吾不信也。"

【译文】孔子说："臧武仲凭借自己的封地防向鲁国君王请求立他的子弟为鲁国的卿大夫，尽管有人说他不是要挟君王，可我不相信。"

①要（yāo）：胁迫，要挟。

十五

子曰："晋文公谲而不正，齐桓公正而不谲。"

【译文】孔子说："晋文公诡诈，不正派；齐桓公正派，不诡诈。"

十六

子路曰："桓公杀公子纠，召忽死之，管仲不死。"曰："未仁乎?"子曰："桓公九合诸侯，不以兵车，管仲之力也。如其仁! 如其仁! "

【译文】子路说："齐桓公杀了他哥哥公子纠，纠的家臣召忽因此自杀殉职，而纠的另一位家臣管仲却没有自杀殉职。"子路又说："管仲应说是不仁吧？"孔子说："齐桓公多次召集诸侯共商会盟，而不诉诸武力，这全是管仲的功劳啊。这就是管仲的仁了！这就是管仲的仁了！"

十七

子贡曰："管仲非仁者与?桓公杀公子纠，不能死，又相之。"子曰："管仲相桓公，霸诸侯，一匡天下，民到于今受其赐。微[1]管仲，吾其被[2]发左衽[3]矣。岂若匹夫匹妇之为谅也，自经于沟渎而莫之知也?"

【译文】子贡说："管仲不是仁人吧？齐桓公杀了公子纠，管仲不但不为纠去死，反而辅佐了齐桓公，孔子说："管仲辅佐齐桓公，称霸诸侯，匡正了天下，直到今天百姓仍享受着他赐予的恩惠。若没有管仲，我们会披散着头发，衣襟朝左边开，像落后地方的那些人一样。莫非要他像普通男女那样守着小节小信，自杀于沟渠之中而无人知道吗？

①微：非，无，没有。 ②被：同"披"。
③衽(rèn)：衣襟。

十八

公叔文子之臣大夫僎与文子同升诸公。子闻之，曰："可以为'文'矣。"

【译文】公叔文子的家臣大夫僎，在公叔文子的竭力推荐下，成为与公叔文子一样的卫国大臣。孔子听说后，便说："公叔文子的谥号真可以称作'文'了。"

①僎(zhuàn)：公叔文子的家臣，由于文子的举荐，当上卫国的大夫。

十九

子言卫灵公之无道也，康子曰："夫如是，奚而不丧？"孔子曰："仲叔圉治宾客，祝鮀治宗庙，王孙贾治军旅。夫如是，奚其丧？"

【译文】孔子谈到卫灵公昏聩无道时，季康子说："既如此，卫灵公为何还没有衰亡呢？"孔子说："他有仲叔圉接待宾客，有祝鮀管理祭祀，有王孙贾统帅军队。既然这样，他怎么会衰亡呢？"

二十

子曰："其言之不怍[①]，则为之也难。"

【译文】孔子说："一个人若大言不惭，他办起事来也就难了。"

①怍（zuò）：惭愧。

二十一

陈成子弑简公。孔子沐浴而朝，告于哀公曰："陈恒弑其君，请讨之。"公曰："告夫三子！"孔子曰："以吾从大夫之后，不敢不告也。君曰'告夫三子'者！"之三子告，不可。孔子曰："以吾从大夫之后，不敢不告也。"

【译文】陈成子杀了齐简公。孔子沐浴后上朝见鲁哀公，对鲁哀公说："陈恒杀了其君王，请出兵讨伐他吧。"哀公说："你去向三位大夫报告吧。"孔子说："我曾做过大夫，不敢不来报告。君王却说'你去向三位大夫报告吧！'"孔子于是向三位大夫报告，而三位大夫都不同意出兵讨伐陈成子。孔子说："我曾做过大夫，不敢不报告啊！"

二十二

子路问事君。子曰："勿欺也，而犯之。"

【译文】子路问如何服侍君王，孔子说："不要欺骗他，而可以向君王犯颜进谏。"

二十三

子曰："君子上达，小人下达。"

【译文】孔子说："君子通达仁义道德，小人通达钱财私利。"

二十四

子曰："古之学者为己，今之学者为人。"

【译文】孔子说："古代求学的人是为了自己掌握学问，修养德行；而当今求学的人是为了装饰门面，做样子给别人看。"

二十五

蘧伯玉[1]使人于孔子。孔子与之坐而问焉。曰："夫子何为？"对曰："夫子欲寡其过而未能也。"使者出。子曰："使乎！使乎！"

【译文】蘧伯玉派使者去孔子那里拜访。孔子让他坐下，问道："他老先生现在做什么？"使者回答说："他老先生很想减少自己的过错，但未能如愿。"使者告辞而退离。孔子说："真是一位好使者！真是一位好使者！"

①蘧（qú）伯玉：卫国大夫。孔子去卫国时，曾住在他家里。

二十六

子曰："不在其位，不谋其政。"曾子曰："君子思不出其位。"

【译文】孔子说："不在那个职位上，就不要考虑有关那个职位方面的政事。"曾子说："君子所思考的问题应不超出自己的职权范围。"

二十七

子曰："君子耻其言而过其行。"

【译文】孔子说："君子感到羞耻的是，自己说的话超过了自己的实际行动。"

二十八

子曰："君子道者三，我无能焉：仁者不忧，知者不惑，勇者不惧。"子贡曰："夫子自道也。"

【译文】孔子说："君子应遵循的三个原则，我哪个也没做到。这三个原则是：具有仁德的人不忧虑，智明的人不困惑，勇敢的人不畏惧。"子贡说："这恰恰是老师的自我描述啊。"

二十九

子贡方[1]人。子曰："赐也贤乎哉?夫我则不暇。"

【译文】子贡说别人的长短。孔子说："赐呀，你就那么有才有德吗？对这些事情。我可没有闲工夫去考虑。"

①方：同"谤"。拿人做比较，评论其短长。

三十

子曰："不患人之不己知，患其不能也。"

【译文】孔子说："不要担心别人不了解自己，应担心的是自己没有能力。"

三十一

子曰："不逆诈，不亿[①]不信，抑亦先觉者，是贤乎！"

【译文】孔子说："不事先就怀疑别人欺诈，不轻易推断别人不诚信，可能及时察觉别人的欺诈与不诚信，这种人才是贤人啊！"

①亿：同"臆"。推测，猜测。

三十二

微生亩谓孔子曰："丘，何为是栖栖者与？无乃为佞乎？"孔子曰："非敢为佞也，疾固也。"

【译文】微生亩对孔子说："你为何匆匆忙忙到处游说呢？怕不是在显示自己的花言巧语吧？"孔子说："我不敢花言巧语，只是痛恨那些固执己见的人。"

三十三

子曰：“骥不称其力，称其德也。”

【译文】孔子说：“赞扬千里马不只是因为它的力气，更是因为它的美好品德。”

三十四

或曰：“以德报怨，何如?”子曰：“何以报德?以直报怨，以德报德。”

【译文】有人说：“以恩德来回报怨恨，怎么样呢？”孔子说：“以什么来回报恩德呢？应以正直来回报怨恨，以恩德来回报恩德。”

三十五

子曰：“莫我知也夫！”子贡曰：“何为其莫知子也?”子曰：“不怨天，不尤人，下学而上达。知我者其天乎！”

【译文】孔子说：“没有人了解我啊！”子贡说：“为何说没有人了解您呢？”孔子说：“不埋怨天，不责备地，学习一些普通的学问，逐步领悟了高深的道理。了解我的，只有上天啦！”

三十六

公伯寮愬[①]子路于季孙。子服景伯以告，曰：“夫子固有惑志于公伯寮，吾力犹能肆诸市朝。”

子曰：“道之将行也与，命也；道之将废也与，命也。公伯寮其如命何!”

【译文】公伯寮在季孙氏面前说了子路的坏话。子服景伯将此事告诉了孔子，并说：“季孙氏听信谗言，已对子路产生了怀疑，凭我的力量足可以让季孙氏将公伯寮杀掉，将其尸体放到街上示众。”

孔子说：“我的学说如能付诸实现，这是天命；我的学说如被废弃，这也是天命。公伯寮怎能抵得过天命啊！”

①愬(sù)：同“诉”。诬谤，背后说人的坏话。

三十七

子曰：“贤者辟世，其次辟地，其次辟色，其次辟言。”

子曰：“作者七人[①]矣。”

【译文】孔子说：“贤人逃避昏暗的现实社会而去隐居，次一等的避开一地到另一地居住，再次一等的避开别人难看的脸色，再次一等的避开别人的恶言恶语。”

孔子说：“已经有七个人这么做了。”

①七人：指传说中七位贤人隐士。

三十八

子路宿于石门。晨门曰："奚自[1]？"子路曰："自孔氏。"曰："是知其不可而为之者与？"

【译文】子路于石门住了一夜，次日晨进城时，守门的人问："你从什么地方来的？"子路说："从孔子那里来的。"守门的人说："就是那位明知做不到却硬要做的人吗？"

①奚自：即"自奚"。从哪里来。

三十九

子击磬于卫，有荷蒉[1]而过孔氏之门者，曰："有心哉，击磬乎！"既而曰："鄙哉，乎硁硁乎！莫己知也，斯则已而已矣。深则厉，浅则揭。"

子曰："果哉！末之难矣。"

【译文】孔子在卫国，有一天正在击磬，一个挑着草筐的人正好从门前路过，说道："这人击磬，有心事呀！"接着又说："见识鄙俗，从硁硁的声音中就可以听出来！他在说'没有人了解'，那就独善其身算了。好比过河，水深干脆穿着衣服走过去，水浅提着衣服过去。"

孔子说："多坚决啊！但他无法了解我的难处。"

①蒉(kuì)：草编的筐。

四十

子张曰："《书》云：'高宗谅阴，三年不言。'何谓也？"子曰："何必高宗，古之人皆然。君薨，百官总己以听于冢宰[1]三年。"

【译文】子张说："《尚书》中说：'殷高宗守孝，三年不议政。'这是什么意思？"孔子说"不一定就高宗是这样，古人都这样。君王死了，继位的君王就不问政事，朝廷百官各处理自己的事务，并听命于宰相。这种状况要维持三年。"

①冢(zhǒng)宰：商代官名，相当于后世的宰相。

四十一

子曰："上好礼，则民易使也。"

【译文】孔子说："身居高位的人能奉行礼，役使天下百姓则就容易了。

四十二

子路问君子，子曰："修己以敬。"曰："如斯而已乎？"曰："修己以安人。"曰："如斯而已乎？"曰："修己以安百姓。修己以安百姓，尧、舜其犹病诸！"

【译文】子路问如何做君子，孔子说："自己要修身养性，要有恭敬之心。"子路说："这样做就够了吗？"孔子说："自己修身养性，以使他人安适。"子路说："这样做就够了吗？"孔子说："自己修身养性，使天下百姓安适。自己修身养性，使天下百姓安适，尧、舜也难做到啊！"

四十三

原壤夷[①]俟。子曰："幼而不孙弟[②]，长而无述焉，老而不死，是为贼。"以杖叩其胫。

【译文】原壤双腿叉开，坐着等孔子。孔子说："你年幼时就不尊敬顺从长者，长大了没有什么成就，待老了还不死，那就成了误国殃民之辈了。"孔子说着以拐杖磕了一下原壤的小腿。

①夷：指叉开两腿坐在地上，称"箕距"。

②孙弟：逊悌。

四十四

阙党[①]童子将命。或问子曰："益者与？"子曰："吾见其居于位也，见其与先生并行也。非求益者也，欲速成者也。"

【译文】阙党的一个童子来给孔子传话。有人问孔子："这孩子是求上进的吗？"孔子说："我看到他坐在成年人的位子上，又看到他同长辈并肩而行。这孩子不是一个求上进的人，而是一个急于求成的人。"

①阙党：地名，在今山东曲阜境内。

卫灵公篇第十五

（共四十二章）

一

卫灵公问陈于孔子。孔子对曰：“俎豆[1]之事，则尝闻之矣；军旅之事，未之学也。”明日遂行。

【译文】卫灵公向孔子请教有关军队作战时的阵势，孔子回答说：“礼仪方面的事，我曾听说过；军队方面的事，我从未学习过。”次日，孔子便离开了卫国。

①俎（zǔ）豆：二者都是祭祀时用的礼器。

二

在陈绝粮，从者病，莫能兴。子路愠见曰：“君子亦有穷乎？”子曰：“君子固穷，小人穷斯滥矣。”

【译文】孔子于陈国绝了粮，随从的弟子饿病了，都起不来。子路一脸怒色，去见孔子，说：“君子也有穷困的时候吗？”孔子说：“君子在其穷困时能安于信守节操，小人穷困时就要胡乱作为。”

三

子曰：“赐也，女以予为多学而识之者与？”对曰：“然，非与？”曰：“非也，予一以贯之。”

【译文】孔子说：“赐呀，你以为我学了很多学问都能记住吗？”子贡答道：“我认为是这样，难道不是吗？”孔子说：“不是的，我能用一个基本的理念与原理来贯穿我学过的所有学问。”

四

子曰："由，知德者鲜矣。"

【译文】孔子说："仲由啊，真正懂得德的人实在是太少了。"

五

子曰："无为而治①者，其舜也与?夫何为哉?恭己正南面而已矣。"

【译文】孔子说："无为而治的人，恐怕只有舜吧？他做了些什么呢？他恭敬地端坐在君王位子上就行了。"

①无为而治：很多人将"无为"解释为"不为"、"不做什么"、"没做"，其实这是种误解。"无为"是"为"的一种极为高明的手段，通过"无为"最后达到"无不为"的目的。"无为"是为了更好地"为"。

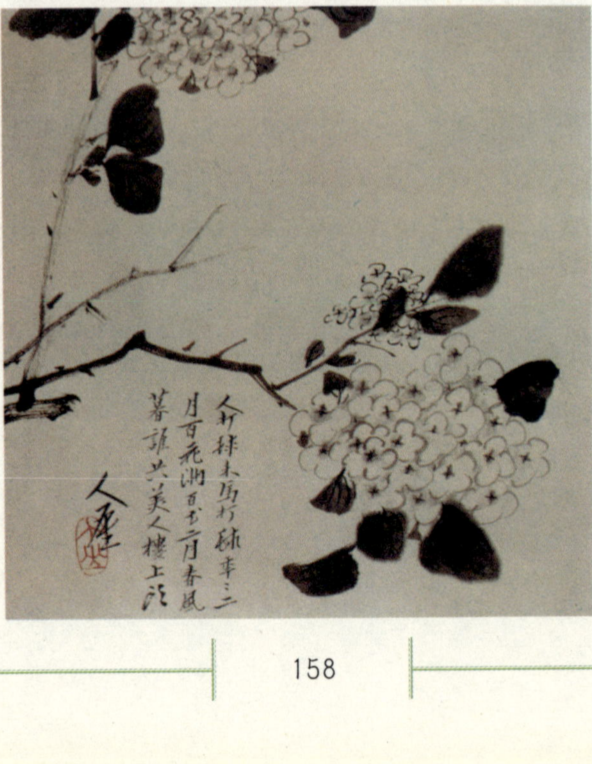

六

子张问行，子曰："言忠信，行笃敬，虽蛮貊[①]之邦，行矣。言不忠信，行不笃敬，虽州里，行乎哉？立，则见其参于前也，在舆，则见其倚于衡也，夫然后行。"子张书诸绅。

【译文】子张问如何才能使自己的学说与主张通行天下，孔子说："说话诚实讲信用，做事忠厚而严肃，即使走到偏远的少数民族国家，也行得通。说话不诚实，不讲信用，办事不严肃认真，即使在本乡本土，又如何行得通呢？站立时，好像看见'忠信笃敬'这几个字就在面前展现；在车上时，好像这几个字就出现在前面的横木上。如此铭记这几个字，你自己的学说和主张便随处可行得通。"子张将孔子的这些话记在衣服的带子上了。

①貊（mò）：北狄，泛指北方边疆少数民族。

七

子曰："直哉，史鱼！邦有道如矢，邦无道如矢。君子哉，蘧伯玉！邦有道则仕，邦无道则可卷而怀之。"

【译文】孔子说："史鱼，多么正直的一个人啊！国家有道时，他像箭一般刚直；国家无道时，他还像箭一般刚直。蘧伯玉，真可谓君子！国家有道时，他就出来做官；国家无道时，他就隐退而去。"

八

子曰："可与言而不与之言，失人；不可与言而与之言，失言。知者不失人，亦不失言。"

【译文】孔子说："可以同他谈而没有谈，就会丢掉人才；不可以同他谈而谈了，就是白费口舌。聪明人既不失掉人才，又不白费口舌。"

九

子曰："志士仁人，无求生以害仁，有杀身以成仁。"

【译文】孔子说："志士仁人，不会为贪生而损害仁德，只会牺牲自己的生命而去保全仁德。"

十

子贡问为仁。子曰："工欲善其事，必先利其器。居是邦也，事其大夫之贤者，友其士之仁者。"

【译文】子贡问何以实现仁，孔子说："工匠要想干好他的活儿，必须先将其工具弄得很锋利。我们居住在这个国家，就应服侍大夫中的贤者，与士中的仁人交朋友。"

十一

颜渊问为[1]邦。子曰："行夏之时，乘殷之辂，服周之冕，乐则《韶》、《舞》，放郑声，远佞人。郑声淫，佞人殆。"

【译文】颜渊问如何治理国家，孔子说："推行夏朝的历法，乘坐殷朝的车子，戴周朝的礼帽，音乐就演奏周武王时的《韶》与《舞》，抛弃郑国的音乐，疏远专事巧言谄媚的人。郑国的音乐放荡，巧言谄媚的人危险。"

①为：治理。

十二

子曰："人无远虑，必有近忧。"

【译文】孔子说："一个人若没有长远的打算，想得远一些，看得开阔一些，那他必定会碰到眼前的忧愁之事。"

十三

子曰："已矣乎！吾未见好德如好色者也。"

【译文】孔子说："算啦！我从未见过喜欢仁德就像喜欢女色那样的人。"

十四

子曰："臧文仲其窃位者与！知柳下惠之贤，而不与立也。"

【译文】孔子说："臧文仲可能是个窃居官位的人吧！他明知柳下惠是个贤才，却不荐举他做官。"

十五

子曰："躬自厚而薄责于人，则远怨矣。"

【译文】孔子说："对自己要多加责备，对他人尽量少责备。这样就可以远离怨恨了。"

十六

子曰："不曰'如之何，如之何'者，吾末如之何[①]也已矣。"

【译文】孔子说："凡事都不说'应该怎么办、怎么办'的人，我的确也不知道对这号人该如何办是好了。"

①末如之何：没办法。末，没。

十七

子曰："群居终日，言不及义，好行小慧，难矣哉！"

【译文】孔子说："成天聚在一起，说话从不提到'义'，喜欢耍小聪明。这号人难得有长进啊！"

十八

子曰："君子义以为质，礼以行之，孙以出之，信以成之。君子哉！"

【译文】孔子说："君子以合乎义为根本，按礼节实行它，以谦虚的话语道出它，以诚信的做法完善它。惟如此才能称得上真正的君子。"

十九

子曰："君子病无能焉，不病人之不己知也。"

【译文】孔子说："君子应担心自己无能力，不必担心别人不了解自己。"

二十

子曰："君子疾没世而名不称焉。"

【译文】孔子说："君子担心的是直到去世还没有让人称赞的美名。"

二十一

子曰："君子求诸己，小人求诸人。"

【译文】孔子说："君子严于要求自己，小人苛求他人。"

二十二

子曰："君子矜而不争，群而不党。"

【译文】孔子说："君子慎重而不与人争，能与他人合群，但不与他人勾结营私。"

二十三

子曰："君子不以言举人，不以人废言。"

【译文】孔子说："君子不因一个人话说得娓娓动听就荐举他，也不因一个人人品不好就将他符合事理的话也厌弃不理。"

二十四

子贡问曰："有一言而可以终身行之者乎？"子曰："其恕乎！己所不欲，勿施于人。"

【译文】子贡问道："有一句话可以终生奉行的吗？"孔子说："那就是'恕'吧！自己不愿意的，切勿强加给他人。"

二十五

子曰："吾之于人也，谁毁谁誉？如有所誉者，其有所试矣。斯民[①]也，三代之所以直道而行也。"

【译文】孔子说："我对别人，诋毁过谁，赞誉过谁？若有我赞誉过的人，那必定是经过考验的人。夏、商、周三代的人都是这么做的，故而，这三个朝代能在正道上顺利前行。"

①斯民也：意为如此用民，无所偏私。

二十六

子曰："吾犹及史之阙文也。有马者借人乘之。今亡已夫！"

【译文】孔子说："我还能看到史书中的存疑，有马的人先将马借给别人骑。这种情况现在没有了。"

二十七

子曰："巧言乱德。小不忍，则乱大谋。"

【译文】孔子说："花言巧语败坏人的德行。小事情上不忍，则会祸害大事。"

二十八

子曰："众恶之，必察焉；众好之，必察焉。"

【译文】孔子说："众人都讨厌他，一定要考察一番；众人都喜欢他，也一定要考察一番。"

二十九

子曰："人能弘道，非道弘人。"

【译文】孔子说："人能将道发扬光大，不是道能弘扬人。"

三十

子曰："过而不改，是谓过矣。"

【译文】孔子说："犯了过错却不加改正，这本身就是错误。"

三十一

子曰："吾尝终日不食，终夜不寝，以思，无益，不如学也。"

【译文】孔子说："我曾整天不吃，整夜不睡，全力去思索，却没有用，不如去潜心钻研学问。"

三十二

子曰："君子谋道不谋食。耕也，馁[①]在其中矣；学也，禄在其中矣。君子忧道不忧贫。"

【译文】孔子说："君子谋求道，不谋求吃穿。耕田，时伴有饥饿；钻研学问，能做官拿俸禄。君子担心的是道学得不精深，并不担心贫穷。"

①馁（něi）：饥饿。

三十三

子曰："知及人，仁不能守之，虽得之，必失之。知及之，仁能守之，不庄以莅[①]之，则民不敬。知及之，仁能守之，庄以莅之，动之不以礼，未善也。"

【译文】孔子说："靠聪明可以谋取官位，但若不以仁德去固守它，即便得到了官位，也必定会丧失。靠聪明谋取了官位，又能用仁德去固守它，但不以认真庄重的态度对待百姓，百姓也不会尊敬他。靠聪明谋得了官位，又以仁德固守住了官位，还能以认真庄重态度对待百姓，但行动不符合礼义，这也还不够完善。"

①莅（lì）：到，临。

三十四

子曰："君子不可小知[①]而可大受也，小人不可大受而可小知也。"

【译文】孔子说："君子不可以让他只做小事情，而可以让他接受重大的事情；小人不可让他接受重大事情，而可让他做些小事情考验他。"

①知：主持，主管。

三十五

子曰："民之于仁也，甚于水火。水火，吾见蹈而死者矣，未见蹈仁而死者也。"

【译文】孔子说："百姓对仁德的需求，比对水火的需求更为迫切。水与火，我看见有踩在里面而死去的，却没有见过因实行仁德而死去的。"

三十六

子曰："当仁不让于师。"

【译文】孔子说："在对待仁的问题上，不必谦让于老师。"

三十七

子曰："君子贞①而不谅②。"

【译文】孔子说："君子追求正道，恪守节操而不计较小的信誉。"

①贞：正，固守正道，守节操。

②谅：信，守信用，固执。

三十八

子曰："事君，敬其事而后其食。"

【译文】孔子说："侍奉君王，将敬守职责放在首位，将俸禄之事放在后面。"

三十九

子曰："有教无类。"

【译文】孔子说："我对每个人都可以去教诲，并没有贫富贵贱之分。"

四十

子曰："道不同，不相为谋。"

【译文】孔子说："思想与学说不同，就无法相互交流探讨了。"

四十一

子曰："辞达而已矣。"

【译文】孔子说："言辞能表达清楚意思就行了。"

四十二

师冕[①]见，及阶，子曰："阶也。"及席，子曰："席也。"皆坐，子告之曰："某在斯，某在斯。"

师冕出，子张问曰："与师言之道与？"子曰："然，固相[②]师之道也。"

【译文】师冕来见孔子，走到台阶前，孔子告诉他说："这是台阶。"师冕走到坐席旁，孔子告诉他说："这是坐席。"大家都入座后，孔子对师冕说："某人坐在这里，某人坐在那里。"师冕告辞离去，子张问孔子："这是同乐师说话的一种方法吗？"孔子说："是的，这就是帮助乐师的一种方法啊！"

---

①师冕：叫冕的乐师。古代乐师多为盲人。

②相：帮助，辅助。

季氏篇第十六

（共十四章）

一

季氏将伐颛臾[1]。冉有、季路见于孔子曰："季氏将有事于颛臾。"孔子曰："求！无乃尔是过与！夫颛臾，昔者先王以为东蒙[2]主，且在邦域之中矣。是社稷之臣[3]也，何以伐为？"

冉有曰："夫子欲之，吾二臣者皆不欲也。"孔子曰："求！周任[4]有言曰：'陈力就列，不能者止。'危而不持，颠而不扶，则将焉用彼相矣？且尔言过矣，虎兕[5]出于柙[6]，龟玉毁于椟[7]中，是谁之过与？"

冉有曰："今夫颛臾，固而近于费，今不取，后世必为子孙忧。"孔子曰："求！君子疾夫舍曰欲之而必为之辞。丘也闻有国有家者，不患贫而患不均，不患寡而患不安。盖均无贫，和无寡，安无倾。夫如是，故远人不服，则修文德以来之；既来之，则安之。今由与求也，相夫子，远人不服而不能来也，邦分崩离析而不能守也，而谋动干戈于邦内，吾恐季孙之忧，不在颛臾，而在萧墙[8]之内也。"

【译文】季氏要攻伐颛臾，冉有、季路见到孔子，说："季氏将要对颛臾采取军事行动。"孔子说："求呀！这就是你的失误了！颛臾嘛，从前先王封他为祭祀蒙山的主祭人，况且它又在鲁国境内，是鲁国共安危的臣属啊，为何要攻伐它呢？"

冉有说："我们的主公季康子要攻伐，我们二人作为家臣都不想这么做。"孔子说："求呀！周任说过：'能施展才华，则就其职位；不能施展才华，就不要就其职位。这正如瞎子面临危境，搀扶他的人却不去扶持，瞎子跌倒，他却不去搀扶起来，那还用搀扶瞎子的人干什么呢？更何况你的话说得过头了。老虎与独角犀牛跑出笼子，占卜用的龟甲与祭祀用的玉毁坏于匣子里，这是什么人的过错呢？"

冉有说："现在的颛臾城郭坚固，又离费很近，现在若不夺取它，将来必定成为子孙后代的隐患。"孔子说："求呀！君子厌恶那种不说自己愿意去做而编个谎言来搪塞的做法。我听说，一个国君或一个大夫，不怕贫穷而怕分配不均，不怕人少而怕不安定。财富均了，也就没有贫困了；上下和好相处，也就不显得人少势弱了；上下相安无事，国家也就没有倾覆的忧患了。若如此，其他国家的人若不归顺，就以礼乐和仁德之政招引他们来。他们既然来了，就要让他们过安定的生活。现在你们二人辅助季氏，其他国家的人不归顺，你们又无法招他们来。国家分崩离析，你们又不能很好保全，却想在国内动武力。我担心季孙氏的忧虑并不在颛臾，而在鲁国内部呢。"

①颛(zhuān)臾(yú)：附属与鲁国的一个小国，子爵。
②东蒙：即蒙山。因在鲁过东部，故称东蒙。
③社稷之臣：国家的重臣。
④周任：周朝有名的史官。
⑤兕(sì)：犀牛类的野兽。
⑥柙(xiá)：关猛兽的木笼子。
⑦椟(dú)：匣子。
⑧萧墙：照壁。比喻内部。

二

孔子曰："天下有道，则礼乐征伐自天子出；天下无道，则礼乐征伐自诸侯出。自诸侯出，盖十世希不失矣；自大夫出，五世希不失矣；陪臣执国命，三世希不失矣。天下有道，则政不在大夫。天下有道，则庶人不议。"

【译文】孔子说："天下太平，那么，礼乐征伐之事则由天子决定；天下大乱，那么，礼乐征伐之事就由诸侯做主了。礼乐征伐由诸侯做主，也许能传到十代，很少有能保持下去的；由大夫做主，最多传至五代，很少有能保持下去的；若大夫的家臣把持了国家政权，最多传到三代，很少能保持下去的。天下太平，国家的政权就不会由大夫把持。天下太平，百姓就不会议论朝政了。"

三

孔子曰："禄之去公室五世矣；政逮于大夫四世矣。故夫三桓之子孙微矣。"

【译文】孔子说："国家政权的丧失是因朝廷公室所致，已有五代了；权力旁落于大夫手中，已有四代了。故此，三桓的子孙也就衰微了。"

四

孔子曰："益者三友，损者三友。友直，友谅，友多闻，益矣。友便辟①，友善柔，友便佞②，损矣。"

【译文】孔子说："有益的朋友有三种，有害的朋友有三种。与正直无邪的人交朋友，与讲诚信的人交朋友，与广见博识的人交朋友，则会有好处。与虚情假意的人交朋友，与善于谄媚阿谀的人交朋友，与花言巧语的人交朋友，则是有害的。"

①便(pián)辟：虚情假意，内心邪恶。

②便(pián)佞(nìng)：善于花言巧语，而言实不符。

五

孔子曰："益者三乐，损者三乐。乐节礼乐，乐道人之善，乐多贤友，益矣。乐骄乐，乐佚①游，乐晏乐，损矣。"

【译文】孔子说："有益的快乐有三种，有害的快乐也有三种。将礼乐调节作为快乐，将赞扬他人的长处作为快乐，将广交贤良的朋友作为快乐，则会有好处。将乐于放纵作为快乐，将乐于肆意游逛作为快乐，将乐于宴饮作为快乐，则是有害的。"

①佚：同"逸"。安闲，休息。

六

孔子曰："侍于君子有三愆[1]：言未及之而言，谓之躁；言及之而不言，谓之隐；未见颜色而言，谓之瞽[2]。"

【译文】孔子说："陪君子时会出现三种过失：未轮到自己说话却先说了，此为急躁；轮到自己说话了却不说，此为隐瞒；不看对方脸色便轻率开口，此为盲目。"

①愆（qiān）：过失，差错，失误。　②瞽（gǔ）：双目失明，盲人。

七

孔子曰："君子有三戒：少之时，血气未定，戒之在色；及其壮也，血气方刚，戒之在斗；及其老也，血气既衰，戒之在得。"

【译文】孔子说："君子有三件事要警惕：年轻时血气尚未稳定，要警惕贪婪女色；壮年时血气正旺盛，要警惕争强好斗；年老之后，血气衰退，要警惕贪得无厌。"

八

孔子曰："君子有三畏：畏天命，畏大人，畏圣人之言。小人不知天命而不畏也，狎[①]大人，侮圣人之言。"

【译文】孔子说："君子有三件敬畏的事：敬畏天命，敬畏处于高位的人，敬畏圣人说的话。小人不懂得天命，因此不敬畏天命，轻视处于高位的人，轻蔑圣人说的话。"

①狎（xiá）：狎侮，轻慢，不尊重。

九

孔子曰："生而知之者，上也；学而知之者，次也；困而学之，又其次也；困而不学，民斯为下矣。"

【译文】孔子说："生来就知道道理的，为上等；学习之后才知道的，为次等；经历了困苦才知道要学的，为再次一等；虽经困苦却仍不学习的，这样的百姓就是最下等的了。"

十

孔子曰："君子有九思：视思明，听思聪，色思温，貌思恭，言思忠，事思敬，疑思问，忿思难，见得思义。"

【译文】孔子说："君子有九种需要考虑的事：看的时候，要考虑看清楚了没有；听的时候，要考虑听清楚了没有；脸色要考虑是否温和；容貌要考虑是否庄重严肃；说话，要考虑是否忠诚老实；做事，要考虑是否严肃认真；遇有疑难问题，要考虑如何向他人请教；想发怒，要考虑到后患；看见能够到手的东西，要考虑'义'字容不容。"

十一

孔子曰："见善如不及，见不善如探汤[①]。吾见其人矣，吾闻其语矣。隐居以求其志，行义以达其道。吾闻其语矣，未见其人也。"

【译文】孔了说："看见善良的，就像赶不上似地全力去追求；看见邪恶的，就像要将手伸进滚烫的水里一样赶忙避开。这样的人，我见过；这样的话，我听到过。隐居以求实现其志向，行义以求实现其思想学说。这样的话，我听到过；这样的人，我却没见过。"

①汤：开水，热水。

十二

齐景公有马千驷，死之日，民无德而称焉。伯夷、叔齐饿于首阳之下，民到于今称之。“诚不以富，亦只以异。”其斯之谓与?

【译文】齐景公有四千匹马，他死时，百姓觉得他没有什么可颂扬的。伯夷、叔齐二人饿死在首阳山，到如今百姓仍在颂扬他们。“这实在不是因为富或不富，只是因为品德行为的不同”。大概也就是这个意思吧？

十三

陈亢问于伯鱼[①]曰：“子亦有异闻乎?”

对曰：“未也。尝独立，鲤趋而过庭。曰：‘学诗乎?’对曰：‘未也。’‘不学诗，无以言。’鲤退而学诗。他日，又独立，鲤趋而过庭。曰：‘学礼乎?’对曰：‘未也。’‘不学礼，无以立。’鲤退而学礼，闻斯二者。”

陈亢退而喜曰：“问一得三，闻诗，闻礼，又闻君子之远其子也。”

【译文】陈亢问伯鱼：“您从老师那里得到过特别的教导吗？”

伯鱼回答说：“没有。一次，他独自站在庭院里，我恭敬地走过。他问我：‘学诗了吗？’我回答说：‘还没有。’他说：‘不学诗，就无言以对。’我退回去后便学诗。又有一天，他独自站在庭院里，我恭敬地走过。他问我：“学礼了吗？”我回答说：‘还没有。’他说：‘不学礼，就不会立足于社会。’孔鲤退回去后便学礼。我听到的就这两次。”

陈亢回去后高兴地说：“我问了一个问题，却得到三点收获：一是知道了该学诗，二是知道了该学礼，三是知道了君子并不偏爱自己的儿子。”

①伯鱼：即孔子之子孔鲤，字伯鱼。

十四

邦君[①]之妻，君称之曰夫人，夫人自称曰小童；邦人称之曰君夫人，称诸异邦曰寡小君；异邦人称之亦曰君夫人。

【译文】国君的妻子，国君称之为夫人，她自称为小童。国内的人称她为君夫人，在其他国家的人面前谦称她为寡小君；外国人称她也是君夫人。

①邦君：指诸侯国的国君。

阳货篇第十七

（共二十六章）

一

阳货[1]欲见孔子，孔子不见，归[2]孔子豚。

孔子时[3]其亡[4]也，而往拜之。遇诸涂[5]。

谓孔子曰："来！予与尔言。"曰："怀其宝而迷其邦，可谓仁乎？"曰："不可。""好从事而亟失时，可谓知乎？"曰："不可。""日月逝矣，岁不我与。"

孔子曰："诺，吾将仕矣。"

【译文】阳货想让孔子去见他，孔子不去，他便送了一头蒸熟的小猪给孔子，意在使孔子非去他家不可。

孔子待阳货外出时，去他家拜谢。

不料，二人在路上相遇了。

阳货对孔子说："过来，我有话跟你说。"接着又说："你自己身怀本领，却让国家迷途衰微，这能叫仁吗？"孔子回答说："不能算作仁。""你想参政，却屡屡失掉机会，这能叫聪明吗？"孔子回答说："不能。"阳货说："日月如梭，岁月不等人啊！"

孔子说："好吧，我准备出来做官。"

---

①阳货：季氏的家臣。

②归：同"馈"。赠送。

③时：同"伺"。窥伺，指探听消息。

④亡：同"无"。这里指阳货不在家。

⑤涂：同"途"。

二

子曰："性相近也，习相远也。"

【译文】孔子说："人的天性本来是相近的，只因为习惯不同而逐渐使他们之间的差距拉大了。"

三

子曰："唯上知与下愚不移。"

【译文】孔子说："唯有最聪明的人与最愚蠢的人是不可改变各自性情的。"

四

子之武城，闻弦歌之声。夫子莞尔而笑，曰："割鸡焉用牛刀？"

子游[①]对曰："昔者偃也闻诸夫子曰：'君子学道则爱人，小人学道则易使也。'"

子曰："二三子！偃之言是也。前言戏之耳。"

【译文】孔子去武城，听到弹琴唱歌的声音。孔子微微一笑，说："杀鸡何必用宰牛的刀呢？"

子游回答说："以前我听老师说过：'做官的学习了礼乐的道理后，就会有仁爱之心；百姓学习了礼乐的道理，就容易听使唤。'"

孔子对弟子们说："弟子们，子游的话说对了。我刚才说的话只是同他开个玩笑罢了。"

---

①子游：即言偃，孔子的学生。

五

公山弗扰以费畔[1]，召，子欲往。

子路不说，曰："末之也已，何必公山氏之之也?"

子曰："夫召我者，而岂徒哉?如有用我者，吾其为东周乎?"

【译文】公山弗扰占据费邑，图谋反叛。他召孔子去，孔子打算去。

子路不高兴，说："没地方可去就算了，为何一定要到公山氏那里去呢？"

孔子说："叫我去的那个人，难道会白白召我去吗？若有人肯用我，我或许会让鲁国成为当年的周王朝，复兴周王朝的礼乐制度。"

①畔：同"叛"。

六

子张问仁于孔子。孔子曰："能行五者于天下，为仁矣。"

"请问之。"曰："恭，宽，信，敏，惠。恭则不侮，宽则得众，信则人任焉，敏则有功，惠则足以使人。"

【译文】子张问孔子何为仁，孔子说："能在天下实行五种品德的，就是仁了。"

子张问："请问是哪五种？"孔子说："庄重、宽厚、诚信、奋勉、仁慈。庄重则不会遭到侮辱，宽厚则会得到大家的拥护，诚信则会得到别人的信任，奋勉则会取得成功，仁慈则能很好地使唤人。"

七

佛肸[①]召，子欲往。

子路曰："昔者由也闻诸夫子曰：'亲于其身为不善者，君子不入也。'佛肸以中牟畔，子之往也，如之何？"

子曰："然，有是言也。不曰坚乎，磨而不磷[②]？不曰白乎，涅[③]而不缁[④]？吾岂匏瓜[⑤]也哉？焉能系而不食？"

【译文】佛肸召孔子去，孔子想去。

子路说："从前我听老师说过：'亲自做了坏事的人，君子是不去他那里的。'佛肸以中牟为据点反叛，老师您却要去他那里，这怎么说得过去呢？"

孔子说："是的，我说过这样的话。可我不是也说过坚硬的东西磨也磨不薄吗？不是也说过洁白的东西染也染不黑吗？我难道是匏瓜吗？怎么能只挂在那里，不想有人来采食呢？"

---

①佛(bì)肸(xī)：大夫范中行的家臣。　②磷(lín)：薄石。
③涅(niè)：一种矿物，叫"皂矾"。　④缁(zī)：黑色。
⑤匏(páo)瓜：葫芦的一种。

八

子曰："由也，女闻六言六蔽矣乎?"对曰："未也。"

"居[①]！吾语女。好仁不好学，其蔽也愚；好知不好学，其蔽也荡；好信不好学，其蔽也贼[②]；好直不好学，其蔽也绞；好勇不好学，其蔽也乱；好刚不好学，其蔽也狂。"

【译文】孔子说："仲由，你听说过六种品格与六种弊病的说法吗？"子路回答说："没有听说过。"

孔子说："坐下，我告诉你。爱好仁德却不爱好学问，其弊病是使人变得愚蠢；爱好聪明却不爱好学问，其弊病是放荡无忌；爱好诚信却不爱好学问，其弊病是被人利用，反倒害了自己；爱好直率却不爱好学问，其弊病是尖刻而不尽情理；爱好勇敢却不爱好学问，其弊病是容易酿成祸乱；爱好刚直却不喜欢学问，其弊病是狂妄傲慢。"

①居：坐。

②贼：害，伤害。

九

子曰："小子何莫学夫诗？诗，可以兴，可以观，可以群，可以怨；迩[①]之事父，远之事君；多识于鸟兽草木之名。"

【译文】孔子说："弟子们，你们为何不学习《诗经》呢？《诗经》可以激发人的意志，可以提高观察世间万物的能力，可以让人们相互合群，可以抒发心中的怨愤；就近处而言可运用《诗经》中的道理侍奉父母，就远处而言，可以利用《诗经》中的道理侍奉君王；还让你多知道一些鸟兽草木的名称。"

①迩（ěr）：近。

十

子谓伯鱼曰："女为《周南》《召南》矣乎？人而不为《周南》《召南》，其犹正墙面而立也与！"

【译文】孔子对儿子伯鱼说："你读过《周南》《召南》诗吗？一个人若不读《周南》《召南》，就好像正对着墙壁站立，无法再向前走了。"

十一

子曰："礼云礼云，玉帛云乎哉？乐云乐云，钟鼓云乎哉？"

【译文】孔子说："说礼呀礼呀，难道说的仅仅是玉帛等礼物吗？说乐呀乐呀，难道说的仅仅是钟鼓乐器吗？"

十二

子曰："色厉而内荏，譬诸小人，其犹穿窬[①]之盗也与!"

【译文】孔子说："外表刚强内心却软弱的人，要拿小人作比方的话，就像个挖墙洞翻墙头行窃的小偷吧！"

①窬（yú）：洞，窟窿。

十三

子曰："乡愿，德之贼也。"

【译文】孔子说："乡里人都说好的老好人，其实是败坏道德的误国误民者。"

十四

子曰："道听而涂[①]说，德之弃也。"

【译文】孔子说："在路上听到就到处乱说，这是对道德的背弃。"

①涂：同"途"。

十五

子曰："鄙夫可与事君也与哉?其未得之也，患得之。既得之，患失之，苟患失之，无所不至矣。"

【译文】孔子说："一个卑鄙无耻的人，难道可以同他一起去侍奉君王吗？他没有得到官职时，担心得不到；得到后，又担心失掉官职。若担心失掉官职，他会无所不用其极。"

十六

子曰："古者民有三疾，今也或是之亡也。古之狂也肆，今之狂也荡；古之矜也廉[①]，今之矜也忿戾[②]；古之愚也直，今之愚也诈而已矣。"

【译文】孔子说："古人有三种毛病，现今也许连这些毛病都没有了。古代的狂人肆意直言，现今的狂人放荡无度；古代骄傲的人行为方正，似乎不可冒犯，现今骄傲的人蛮横无理；古代愚蠢的人直爽，现今愚蠢的人狡诈。"

①廉：器物的棱角。此处指碰不得，不可冒犯。
②忿戾（lì）：凶恶好争，蛮横无理。

十七

子曰："巧言令色，鲜矣仁。"

【译文】孔子说："善于花言巧语、假装和善的人，很少有仁德。"

十八

子曰："恶紫之夺朱也，恶郑声之乱雅乐也，恶利口之覆邦家者。"

【译文】孔子说："我讨厌的是紫色代替了朱红色，我讨厌的是郑国的乐曲扰乱了典雅的音乐，我憎恨巧口利舌使国家覆灭的人。"

十九

子曰："予欲无言。"子贡曰："子如不言，则小子何述焉？"子曰："天何言哉？四时行焉，百物生焉。天何言哉？"

【译文】孔子说："我不想再说什么话了。"子贡说："您若不再说话，我们这些弟子还传述什么呢？"孔子说："天说过什么话呀？四季照常运行，万物照常生长。天说过什么话呀？"

二十

孺悲欲见孔子，孔子辞以疾。将命者[①]出户，取瑟而歌，使之闻之。

【译文】孺悲想见孔子，孔子推说有病拒而不见。传话的人刚走出门，孔子就取下瑟弹唱起来，故意让孺悲听到。

---

①将命者：传话的人。

二十一

宰我问："三年之丧，期已久矣。君子三年不为礼，礼必坏；三年不为乐，乐必崩。旧谷既没，新谷既升，钻燧改火，期可已矣。"子曰："食夫稻，衣夫锦，于女安乎?"曰："安。""女安，则为之！夫君子之居丧，食旨不甘，闻乐不乐，居处不安，故不为也。今女安，则为之！"宰我出。子曰："予之不仁也！子生三年，然后免于父母之怀。夫三年之丧，天下之通丧也。予也有三年之爱于其父母乎？"

【译文】宰我问孔子："父母死后，子女守孝三年，时间也太长了。君子三年不行礼，礼仪必定会废掉；三年不奏乐，音乐必定会失传。陈谷已吃完，新谷子已成熟，钻木取火用的木头也已改换了一遍，守丧一年就可以了。"孔子说："父母死了不到三年，你就吃白米饭，穿锦缎衣。对此你能心安吗？"宰我说："我心安。"孔子说："你要觉得那么做心安，你就做去吧！君子守孝期间吃着美味的食物，也不会觉得好吃，听到乐声也不会高兴，住在舒适的家里也不会觉得舒服。因此，不会像你那样去做。现在你要觉得那样做心安理得，你就那样去做吧！"

宰我退出后，孔子说："宰我不仁啊！小孩生下三年后才离开父母的怀抱。三年的守孝，是天下通行的守孝期。宰我是不是也有三年的爱心报答于他的父母呢？"

①期：指一周年。

二十二

子曰："饱食终日，无所用心，难矣哉！不有博弈者乎？为之，犹贤[①]乎已。"

【译文】孔子说："整天吃饱了饭，什么事也不做，这种人很难有作为啊！不是有下棋的游戏吗？下下棋也比没事做好啊。"

①贤：好，胜过，超过。

二十三

子路曰："君子尚勇乎？"子曰："君子义以为上，君子有勇而无义为乱，小人有勇而无义为盗。"

【译文】子路说："君子崇尚勇武吗？"孔子说："君子把义看作最高尚。君子有勇武而没有义，则会犯上作乱；小人有勇武而没有义，则会成为盗贼。"

二十四

子贡曰："君子亦有恶乎？"子曰："有恶。恶称人之恶者，恶居下流而讪上者，恶勇而无礼者，恶果敢而窒[①]者。"曰："赐也亦有恶乎？""恶徼[②]以为知者，恶不孙以为勇者，恶讦[③]以为直者。"

【译文】子贡说："君子也有厌恶的人吗？"孔子说："有厌恶的人，这就是：宣扬他人坏处的人，身处下位而诽谤地位高于他的人，只有勇武而不懂礼节的人，胆大而不通事理的人。"孔子又问："赐，你也有讨厌的人吗？"子贡回答说："我讨厌抄袭别人的东西反自以为聪明的人，讨厌不谦逊反自以为勇敢的人，讨厌揭别人的短处反自以为直爽的人。"

①窒（zhì）：阻塞，不通。
②徼（jiǎo）：抄袭，剽窃。
③讦（jié）：攻击别人的短处，揭发别人的隐私。

二十五

子曰："唯女子与小人为难养也，近之则不孙，远之则怨。"

【译文】孔子说："唯有女人和小人最难相处。太亲近了，他们就会显得失礼；太疏远了，他们又要怨恨。"

二十六

子曰："年四十而见恶焉，其终也已。"

【译文】孔子说："一个人到四十岁还让人厌恶，他这一生也就完了。"

①见恶：被别人所厌恶。

微子篇第十八

（共十一章）

一

微子[1]去之，箕子为之奴，比干谏而死。孔子曰："殷有三仁焉。"

①微子：商纣王的同母兄长，因纣王无道愤然辞官退隐。

【译文】商纣王无道，微子离他而去，箕子沦落为他的奴隶，比干因力谏纣王而惨死。孔子说："殷朝有三位仁人啊！"

二

柳下惠为士师，三黜[1]。人曰："子未可以去乎？"曰："直道而事人，焉往而不三黜？枉[2]道而事人，何必去父母之邦？"

【译文】柳下惠担任刑罚官，多次被免职。有人说："您就不能离开这里吗？"柳下惠回答说："坚持正道而侍奉君王，走到哪里又能不遭到多次罢免呢？若用邪道去侍奉君王，又何必离开自己的国家呢？"

①黜（chù）：罢免。

②枉：不正。

三

齐景公待孔子曰："若季氏，则吾不能；以季孟之间待之。"曰："吾老矣，不能用也。"孔子行。

【译文】齐景公谈到如何对待孔子时，说："若要我像鲁国君王对待季氏那样去对待孔子，我是做不到的。我要用介乎于季氏与孟氏之间的礼遇对待他。"又说："我已经老了，不能用他了。"孔子于是离开了齐国。

四

齐人归[1]女乐，季桓子受之，三日不朝，孔子行。

【译文】齐国给鲁国送来一批歌姬舞女，季桓子接受了，结果多日不理朝政。孔子于是离开了鲁国。

①归：同"馈"。赠送。

五

楚狂接舆歌而过孔子，曰："凤兮凤兮！何德之衰？往者不可谏，来者犹可追。已而，已而！今之从政者殆而！"孔子下，欲与之言。趋而辟[1]之，不得与之言。

【译文】楚国的疯子接舆，边唱歌边经过孔子的车前。他唱道："凤凰啊，凤凰！你的德行为何如此衰微？过去的不可再规劝，未来的还可以追得上。算了吧，算了吧！如今从政者多么危险啊！"孔子下了车，想同他交谈，他却马上避开了，结果孔子未能同他说话。

①辟：同"避"。

六

长沮、桀溺耦[①]而耕，孔子过之，使子路问津焉。

长沮曰："夫执舆者为谁?"子路曰："为孔丘。"曰："是鲁孔丘与?"曰："是也。"曰："是知津矣。"

问于桀溺。桀溺曰："子为谁?"曰："为仲由。"曰："是鲁孔丘之徒与?"对曰："然。"曰："滔滔者天下皆是也，而谁以易之?且而与其从辟人之士也，岂若从辟世之士哉？"耰[②]而不辍。

子路行以告。夫子怃然[③]曰："鸟兽不可与同群，吾非斯人之徒[④]与而谁与?天下有道，丘不与易也。"

【译文】长沮、桀溺二人在田里耕地，孔子从他们那里经过，让子路去问渡口在何处。

长沮问："那个驾车的人是谁？"子路回答说："孔丘。"长沮又问："是鲁国的那个孔丘吗？"子路回答说："是的。"长沮说："他应该知道渡口在哪儿。"

子路去问桀溺，桀溺问："你是谁？"子路回答说："我是仲由。"桀溺又问："你是鲁国孔丘的学生吗？"子路回答说："是的。"桀溺说道："天下大乱，像这滔滔洪水一样到处泛滥。你们同谁去改变这种现状呢？你与其跟随孔子这种逃避无道君王的人，还不如跟随我们这样逃避社会现实的人呢。"桀溺边说边不停地下种盖土。

子路回来将方才的事告诉了孔子，孔子怅然道："我不可以与鸟兽同群，我不同天下的人在一起，又与谁在一起呢？如若天下有道，我也就不同大家一起变革了。"

---

①耦：二人合耕。　②耰（yōu）：古代农具。此指用耰翻土覆盖种子。

③怃（wǔ）然：怅然失意。　④斯人之徒：指世上的人们。

七

子路从而后，遇丈人[①]，以杖荷蓧[②]。子路问："子见夫子乎？"丈人曰："四体不勤，五谷不分，孰为夫子？"植其杖而芸。子路拱而立。止子路宿，杀鸡为黍而食之，见其二子焉。明日，子路行，以告。子曰："隐者也。"使子路反见之，至则行矣。

子路曰："不仕无义。长幼之节，不可废也；君臣之义，如之何其废之?欲洁其身而乱大伦。君子之仕也，行其义也。道之不行，已知之矣。"

【译文】一次，子路随孔子出游，落在了后面，遇到一位老者，用杖肩挑着除草的竹器。子路问这位老者："您看到过我的老师吗？"老者说："四体不勤，五谷不分，谁知道哪个是你的老师？"说完，老者走到田地里，将杖插到地上，俯下身子去锄草。子路拱着手恭敬地站在一旁。于是老者留子路到他家过夜，杀鸡、烧饭款待子路，又让他的两个儿子来同子路见面。次日，子路辞别老者后上路，赶上了孔子，将昨日的事告诉了孔子。孔子说："此人是一位隐士呀！"遂让子路返回去见那位老者。子路赶到他家，他已经出门了。

子路说："不出来做官是不合适的。长幼之间的礼节尚不可废弃，君臣之间的义又怎能废弃呢？想让自身清白，却破坏了君臣之间的伦理关系。君子出来做官，只是体现其公正合宜的道德，我们的思想学说不能实现，这我们早已知道了。"

---

①丈人：老人。

②蓧(diào)：古代一种除草的竹制农具。

八

逸民：伯夷、叔齐、虞仲、夷逸、朱张、柳下惠、少连。子曰："不降其志，不辱其身，伯夷、叔齐与！"谓："柳下惠、少连，降志辱身矣，言中伦，行中虑，其斯而已矣。"谓："虞仲、夷逸，隐居放言，身中清，废中权。我则异于是，无可无不可。"

【译文】隐逸的人士有：伯夷、叔齐、虞仲、夷逸、朱张、柳下惠、少连。孔子说："不改变自己的志向，不辱没自己的身价，这就是伯夷、叔齐吧！"又说："柳下惠、少连降低自己的志向，玷污自己的身价，不过他们的言语合乎伦理，行为经过深思熟虑。他们就是这个样子了。"孔子谈到虞仲、夷逸时说："他们避世隐居，不谈世事，保持自身的清白。我和这些人不同，不一定会这样，也不一定不会这样。"

九

太师挚适齐，亚饭干适楚，三饭缭适蔡，四饭缺适秦，鼓方叔入于河，播鼗[①]武入于汉，少师阳、击磬襄入于海。

【译文】太师挚去了齐国，亚饭乐师干去了楚国，三饭乐师缭去了蔡国，四饭乐师缺去了秦国，打鼓的乐师方叔去了黄河一带，摇小鼓的武去了汉水之畔，少师阳与敲磬的乐师襄到海滨去了。

①鼗（táo）：长柄摇鼓。

十

周公谓鲁公曰："君子不施其亲，不使大臣怨乎不以。故旧无大故，则不弃也。无求备于一人！"

【译文】周公对鲁公说："君子不冷淡他的亲属，不要让大臣抱怨自己未被重用。旧交故友若无大的过失，就不要弃之不用。对于一个人，不要求全责备。"

十一

周有八士[①]：伯达、伯适、仲突、仲忽、叔夜、叔夏、季随、季騧。

【译文】周代有八位著名的人士：伯达、伯适、仲突、仲忽、叔夜、叔夏、季随、季騧。

①八士：传说八士为一母所生的四对孪生子。

子张篇第十九

（共二十五章）

一

子张曰："士见危致命，见得思义，祭思敬，丧思哀，其可已矣。"

【译文】子张说："读书人遇有危难能献出生命；见到可到手的东西，就要想到是否合乎道义；祭祀时所想的是恭敬严肃；办丧事时想到的是哀痛伤心。这么做也就可以了。"

二

子张曰："执德不弘，信道不笃，焉能为有？焉能为亡？"

【译文】子张说："保持仁德却不能弘扬，信守道德却不专心一意，这种人怎样才能说他有仁德，说他信守道德？怎样才能说他没有仁德，说他不信道德？"

三

子夏之门人问交[①]于子张。子张曰："子夏云何？"对曰："子夏曰：'可者与之，其不可者拒之。'"子张曰："异乎吾所闻：君子尊贤而容众，嘉善而矜不能。我之大贤与，于人何所不容？我之不贤与，人将拒我，如之何其拒人也？"

【译文】子夏的学生向子张询问应如何交友。子张说：“子夏对此有何说法？”子夏的学生回答说：“子夏说：‘可交的人，则与他交朋友；不可交的人，则不与他交朋友。’”子张说：“我所听到的与此有所不同：君子尊敬贤人，也能容纳一般的人；夸赞善人，也可怜无能的人。如若我是个有才德的人，那对他人又有什么不能包容的呢？如若我是个无才德的人，人们就会拒绝同我交往，我又怎么会拒绝别人呢？”

①交：交友之道。

四

子夏曰："虽小道，必有可观者焉；致远恐泥[①]，是以君子不为也。"

【译文】子夏说："虽说是小的技艺，也必有可取之处。但要长远实行它，恐怕也行不通。所以，君子不用这种小的技艺。"

①泥（nì）：不通达，拘泥。

五

子夏曰："日知其所亡，月无忘其所能，可谓好学也已矣。"

【译文】子夏说："每天学些自己所没有的知识学问，每月不忘自己已掌握的能力本事，这样就是好学的了。"

六

子夏曰："博学而笃志，切问而近思，仁在其中矣。"

【译文】子夏说："广泛地学习知识学问，立志不变，恳切地提出问题，多考虑当前的事，这样仁就在其中了。"

七

子夏曰："百工居肆以成其事，君子学以致其道。"

【译文】子夏说："各类工匠在各自的作坊里完成他们的活儿，君子孜孜以求地学习，以求得道理，掌握规律。"

八

子夏曰："小人之过也必文。"

【译文】子夏说："小人必定会掩饰自己的过失。"

九

子夏曰："君子有三变：望之俨然，即之也温，听其言也厉。"

【译文】子夏说："君子有三种变化：一眼望去，一副庄重的模样；与之接触，觉得温和；听他说话，感到他严正精确。"

十

子夏曰："君子信，而后劳其民；未信，则以为厉[①]己也；信而后谏，未信，则以为谤己也。"

【译文】子夏说："君子先取得百姓的信任，而后再去使唤他们。没有取得百姓的信任就去使唤他们，他们会以为是在苛待他们。君子须在得到君王的信任后再进谏。如若没有得到君王的信任就去进谏，君王就会认为是在诽谤他。"

①厉：虐待，折磨，坑害。

十一

子夏曰："大德不逾闲[1]，小德出入可也。"

【译文】子夏说："德行在其大的方面不可超越界限，在其小的方面有点出入是可以的。"

①闲：本义是阑，栅栏。引申为限制，界限，法度。

十二

子游曰："子夏之门人小子，当洒扫应对进退，则可矣，抑[1]末也。本之则无，如之何？"

子夏闻之，曰："噫！言游过矣！君子之道，孰先传焉，孰后倦焉，譬诸草木，区以别矣。君子之道，焉可诬也？有始有卒者，其惟圣人乎！

【译文】子游说："子夏的学生，他们做些洒水扫地、迎送客人之类的事是可以的，只不过这是末节的小事。而礼乐这种根本性的东西，他们却没有学到。这怎么可以呢？"

子夏听到这话，说："唉！子游的话说得过头了。君子的思想学说，哪些是先生传授的，哪些是自己孜孜不倦地学习之后得到的，这正如草木一样，得有个种类区别呀。君子的思想学说，怎能随便诬蔑呢？有始有终地行事，那才是圣人吧！"

---

①抑末：抑，抑或、或许。末，非根本的、末节。

十三

子夏曰："仕而优则学，学而优则仕。"

【译文】子夏说："做官出色则会学习，学习优秀才可做官。"

十四

子游曰："丧致乎哀而止。"

【译文】子游说："服丧，能表现出服丧者的悲哀也就可以了。"

十五

子游曰："吾友张也，为难能也，然而未仁。"

【译文】子游说："我的朋友子张，真可以说是难得的人了，不过，他还没有达到仁。"

十六

曾子曰："堂堂乎张也，难与并为仁矣。"

【译文】曾子说："庄重大方的子张，别人难于同他一道做到仁。"

十七

曾子曰："吾闻诸夫子：人未有自致者也，必也亲丧乎！"

【译文】曾子说："我从老师那里听说过，人不会将感情全部释放出来，想必是在父母去世时，才会将感情全部表露出来。"

十八

曾子曰："吾闻诸夫子：孟庄子之孝也，其他可能也；其不改父之臣与父之政，是难能也。"

【译文】曾子说："我从老师那里听说过，孟庄子所尽的孝，其他人在别的方面可以做到，但在不改换其父的旧臣，不改变其父的政治举措方面，其他人是难以做到的。"

十九

孟氏使阳肤为士师，问于曾子。曾子曰："上失其道，民散久矣。如得其情，则哀矜而勿喜！"

【译文】孟氏派阳肤做刑罚官，阳肤问曾子该如何办，曾子说："当前执政者失去道义，民心涣散已很久了。你审案时若能得到罪犯的真实情况，你就应为他们的犯罪感到痛心，并怜悯他们，不要以为自己有多能干而沾沾自喜。"

二十

子贡曰："纣之不善，不如是之甚也。是以君子恶居下流[①]，天下之恶皆归焉。"

【译文】子贡说："纣王的无道，并不像传说中的那么严重吧。因此，君子最讨厌自己有劣迹。一旦有点劣迹，天下种种罪名就都要归到自己身上。"

①下流：地势卑下处。

二十一

子贡曰："君子之过也，如日月之食焉：过也，人皆见过；更也，人皆仰之。"

【译文】子贡说："君子犯的过失，就如日蚀月蚀一样，他的过失，人人都看得见；他纠正了过失，人人都敬仰他。"

二十二

卫公孙朝问于子贡曰："仲尼焉学？"子贡曰："文武之道，未坠于地，在人。贤者识其大者，不贤者识其小者。莫不有文武之道焉。夫子焉不学？而亦何常师[①]之有？"

【译文】卫国的公孙朝问子贡说："仲尼的学问是从哪里学习来的？"子贡回答说："周文王、周武王之道并未散失，仍在人间流传。有才德的人能学会文武之道中大的方面，无才德的人只能学会文武之道中小的方面，但都是文武之道啊！我们的老师哪能不学文武之道呢？又哪能有固定的老师呢？"

①常师：固定的老师。

二十三

叔孙武叔语大夫于朝曰："子贡贤于仲尼。"子服景伯以告子贡。子贡曰："譬之宫墙，赐之墙也及肩，窥见室家之好。夫子之墙数仞，不得其门而入，不见宗庙之美，百官[①]之富。得其门者或寡矣。夫子之云，不亦宜乎！"

【译文】叔孙武叔在朝廷中对大夫们说："子贡比他的老师孔子还要强。"子服景伯于是将这话告诉了子贡。子贡说："就用围墙作个比喻吧。我的围墙只有人的肩膀那么高，人站在墙外就可以看到里面房屋的美好。我的老师的围墙好几丈高，若不从大门进去，就看不到里面像宗庙般的壮美及各式各样的房屋。能找到老师的大门的人大概很少吧。叔孙武叔先生那么说，不也是很自然的吗？"

①官：房舍。

二十四

叔孙武叔毁仲尼。子贡曰："无以为也！仲尼不可毁也。他人之贤者，丘陵也，犹可逾也；仲尼，日月也，无得而逾焉。人虽欲自绝，其何伤于日月乎？多见其不知量也。"

【译文】叔孙武叔诽谤仲尼。子贡说："不要这样做啦！仲尼是不可诽谤的。他人的贤良，有如山丘，还可以超越。仲尼就像日月那样，别人无法超越。有谁自绝于太阳月亮，那对太阳月亮又有何损伤呢？足见其多么不自量啊。"

二十五

陈子禽谓子贡曰："子为恭也，仲尼岂贤于子乎？"子贡曰："君子一言以为知，一言以为不知，言不可不慎也。夫子之不可及也，犹天之不可阶而升也。夫子之得邦家者，所谓立之斯立，道[①]之斯行，绥[②]之斯来，动之斯和。其生也荣，其死也哀，如之何其可及也？"

【译文】陈子禽对子贡说："你是自谦吧，仲尼哪能比你更贤良呢？"子贡说："君子说一句话就足可以看出他的聪明，当然，说一句话也可以看出他的无知。因此，君子说话不能不慎重啊。我的老师是不可赶上的，正像天上不可搭阶梯爬上去一样。我的老师若当上诸侯或卿大夫，他要百姓立于礼，百姓就会立于礼；引导百姓，百姓就会跟他走；安抚本地的百姓，远处的百姓就会来归顺；动员百姓，百姓都会响应。他活得很光荣，死会使人悲哀。这样的老师，我怎么能赶得上呢？"

①道：同"导"。

②绥（suí）：安抚。

尧曰篇第二十

（共三章）

一

尧曰："咨[①]！尔舜！天之历数在尔躬，允执其中。四海困穷，天禄永终。"舜亦以命禹。

曰："予小子履敢用玄牡，敢昭告于皇皇后帝：有罪不敢赦。帝臣不蔽，简在帝心。朕躬有罪，无以万方，万方有罪，罪在朕躬。"

周有大赉[②]，善人是富。"虽有周[③]亲，不如仁人。百姓有过，在予一人。"

谨权量，审法度[④]，修废官，四方之政行焉。兴灭国，继绝世，举逸民，天下之民归心焉。所重：民、食、丧、祭。宽则得众，信则民任焉，敏则有功，公则说。

【译文】尧对舜说："啧，舜啊，上天安排的帝王王位就要落到你身上了。你要忠实地坚持中正之道。天下百姓如若陷入穷困之中，上天赐给你的禄位也就永远终结了。"舜也用这些话告诫禹。

商汤说："我小子履斗胆用黑公牛作祭品，禀告辉煌的天帝：有罪之人我决不敢赦免，天帝的臣仆的邪恶，我决不敢隐瞒，这一切您心中明白。若我有罪，切不要连累天下万方；天下万方若有罪，则由我来承担罪责。"

周朝恩赐天下，好人便多起来。周武王说："虽有至亲，但不如有仁人。百姓若有过错，罪责全在我一人身上。"

孔子认为，谨慎地审查度量衡，恢复废弃了的官职，国家的政令在全国各地就能畅行无阻了。复兴破亡了的国家，使已断绝了的后代再度承袭，提拔被遗弃了的人才，天下的百姓就归顺了。执政者重视的是百姓、粮食、丧礼和祭祀。执政者宽容，就会得到百姓的拥护，诚信则会得到百姓的信任，奋勉则会取得功绩，公正则百姓高兴。

---

①咨（zī）：感叹词。

②大赉（lài）：大发赏赐，奖赏百官，分封土地。

③周：至，最。

④法度：计量长度的标准。

二

子张问于孔子曰："何如斯可以从政矣？"子曰："尊五美，屏[①]四恶，斯可以从政矣。"

子张曰："何谓五美？"子曰："君子惠而不费，劳而不怨，欲而不贪，泰而不骄，威而不猛。"

子张曰："何谓惠而不费？"子曰："因民之所利而利之，斯不亦惠而不费乎？择可劳而劳之，又谁怨？欲仁而得仁，又焉贪？君子无众寡，无小大，无敢慢，斯不亦泰而不骄乎？君子正其衣冠，尊其瞻视，俨然人望而畏之，斯不亦威而不猛乎？”

子张曰：“何谓四恶？”子曰：“不教而杀谓之虐，不戒视成谓之暴，慢令致期谓之贼，犹之与人也，出纳之吝谓之有司②。”

【译文】子张向孔子问道：“怎样做才可以从政呢？”孔子说：“尊五种美德，戒掉四种恶行，则可以从政了。”

子张问道：“五种美德是什么呢？”孔子说：“君子给百姓好处，而自己并不耗费；役使百姓，而百姓并不怨恨；追求仁德，并不贪婪；泰然处置一切，却并不傲慢；威严庄重却并不凶狠。”

子张问道：“给百姓好处，而自己并不耗费，这是什么意思呢？”孔子说：“让百姓做对他们有利的事，不就是使百姓得到好处而自己不耗费吗？选择百姓能干的事情让他们去干，百姓有谁会怨恨呢？自己追求仁德而得到了，还贪求什么呢？凡君子，不管人多少，势力大小，都不敢怠慢，这不就是泰然处置一切，并不傲慢吗？君子衣冠整整齐齐庄重严肃，让人看见就敬畏，这不就是威严庄重却并不凶狠吗？”子张问道：“四种恶行又是什么呢？”孔子说：“事先不教育教化就妄加杀戮，这叫虐；事先不告诫而求尽快成功，这叫暴；一开始松，而后突然限期做成，这叫贼；好像是要给予人的，可到出手时又舍不得，这叫官吏的吝啬。”

①屏（bǐng）通“摒”。除去，排除，摈弃。

②有司：本为官吏的统称，此指库吏之类的小官，他们精于算计财物出入，显得吝啬刻薄而小家子气。

三

子曰："不知命，无以为君子也；不知礼，无以立也；不知言，无以知人也。"

【译文】孔子说："不知道天命，就不能做君子；不懂得礼节，就不能立身处世；不会判别他人的言论，就不能了解他人。

图书在版编目（CIP）数据

论语/《一力古典文丛》编辑组注译. -上海：文汇出版社，2007.2

ISBN 978-7-80741-144-4

Ⅰ.论... Ⅱ.一... Ⅲ.①儒家②论语-注释③论语-译文 Ⅳ.B222.2

中国版本图书馆CIP数据核字（2007）第007377号

论　语

注　　译 / 《一力古典文丛》编辑组
责任编辑 / 竺振榕
特约编辑 / 王　水
装帧设计 / 灵动视线
出版发行 / 文匯出版社
上海市威海路755号
（邮政编码 200041）
经　　销 / 全国新华书店
印　　刷 / 山东人民印刷厂

版　　次 / 2007年2月第1版
印　　次 / 2007年2月第1次印刷
开　　本 / 787×960　1/16
字　　数 / 160千
印　　张 / 13.75
印　　数 / 1-8000

书　　号 / ISBN 978-7-80741-144-4
定　　价 / 29.80元